KB081912

정치하는 마음

일러두기

1 단행본은 『 』로, 영화 제목 등은 〈 〉로 표시하였다.
2 본문의 주는 모두 편집자주다.

정치하는 마음

정의당 이정미
정치 산문집

오픈하우스

"저는 '날라리'였어요. 고3 때부터 놀기 시작했어요.
학력고사가 끝나고 한 달 동안 하루도 안 빠지고
디스코텍에 개근했어요. 대학에 입학해서는
화장하고 귀고리 달고 다녔는데, 과 선배에게
'전태일 열사' 이야기를 듣고 삶이 바뀌었어요.
대학 1학년 여름방학 때 가두시위를 하다가 경찰서에
잡혀갔어요. 5일간 구류를 살고 나왔더니 어머니가
'학교를 계속 다닐지, 데모를 계속할지 정하라'고
하셨어요. '지금 하고 있는 일을 그만둘 수는 없습니다'
하고 1년을 휴학했어요. 다시 어머니가 같은 질문을
하셨을 때는 '학교를 그만두겠다'고 했어요.
휴학 중에 구두약회사를 다녔는데, 너무 열악한
환경이었어요. 그때 노동운동을 계속해야겠다는
확고한 결심이 생겼죠."

"우리 사회에 젠더 문제가 수면 위로 떠올랐다.
여성이 사회 구성원으로서 안전하고 당당하게
살아갈 수 있는 환경을 만들어나가야 한다.
페미니즘은 성 평등에 방점을 두고 있다.
가부장제가 우리 사회를 굉장히 오랫동안 지배해왔기
때문에 여성의 시각으로 세상을 한 번 더 뒤집어서
보게 되면, 남성과 여성이 어떤 처지에 놓여 있고
어떤 점에서 합의를 이뤄갈 수 있는지
답이 나올 것이다."

"이정미를 3세대 진보 정치인으로 부르는 사람들이 있다.
권영길 전 대표가 1세대였다면 심상정, 노회찬 의원이
2세대, 이정미가 3세대라는 구분이다.
1세대는 진보 정치를 '만드는' 리더십이었고,
2세대는 '지키는' 리더십이었다. 진보 정당에는 많은
부침이 있었지만 절대로 포기하지 않고 당을 지켜왔다.
난관을 헤쳐왔던 기반 위에서 나는 진보 정당을
'키우는' 리더십이 되려고 한다. 그동안 국민들에게
우리가 존재해야 한다고 설명했다면,
이제는 우리가 '집권'을 꿈꿔보겠다는 얘기를
할 수 있도록 당을 키울 임무가 나에게 주어졌다."

"시대의 어른, 백기완 선생님이 우리 곁을 떠났다.
선생님의 뜨거운 가슴으로 위로를 받았고,
선생님 불호령에 정신이 번쩍 들기도 했었다.
사는 모습, 서로의 생각들이 조금은 다를지라도
선생님 앞에서는 모두 하나같이 깊이 머리 숙일 수
있었다. 이제 모자란 우리들에게 누가 회초리가
되어주실까. 휑한 마음 저 구석에 그리운 얼굴들이
하나둘 떠오른다. 한평생 민주주의와 평화통일의
길 틔워주신 그 자리를 우리가 잘 걸어가야 한다."

"1997년 IMF로 우리 사회 체질이 극도로 나빠지고,
그로부터 한세대 가까운 시간이 지났다. 부모세대보다
못한 삶을 사는 청년들, 홀로 쓸쓸히 죽음을 기다리는
노인들, 수많은 이들이 어려움이 닥쳐도 기댈 곳도,
도와줄 곳도 찾지 못한 채 힘든 삶을 버텨야 한다.
행복을 선물 받지 못한 삶, 그것이 우연에 의한 것이든,
한 번의 실패로 인한 것이든 그 삶은 운명처럼
결정지어지고 다른 기회는 오지 않는다.
다시 일어설 수도, 다음 삶을 위해 날아오를 수도 없다.
주류질서, 기존질서 밖에 있는 이들은 행복에 대한
접근권 자체가 봉쇄된다."

"노사관계의 영역 바깥에서 기존의 근로계약 질서에
밀려나 일하는 청년의 모습은 흔한 일이 되었다.
이 청년은 노동자인가, 노동자가 아닌가.
사장님으로 불리지만 기업의 비정규직보다 못한
자영업자는 코로나 이후 가장 낮은 소득분위 계층으로
밀려났다. 기존의 사회계약으로 포괄하지 못하는
시민은 700만 명에 달한다. '일자리' 개념에 전면적인
패러다임의 전환이 이루어져야 한다. 노동의 개념을
모든 일하는 시민의 개념으로 확장시켜야 한다.
우리는 '일하는 시민'을 호명해야 한다. 모든 일하는
사람이 인간으로서 누릴 수 있는 기본권을 보장해야
한다. 헌법으로도, 노동관계법으로도 보호받지 못하는
'변화하는 일의 세계'를 향해 진보 정치가 손을
내밀어야 한다."

"국민의 삶은 검찰개혁도 언론개혁도 해결할 수 없다.
보편복지와 기본소득으로도 나아질 것 같지 않다.
그동안 대한민국 정치가 외면했던 외로움의 문제를
정면으로 마주하고 고립, 분리, 외로움이 아닌
소통과 친절, 공동체의 미래로 나아갈 전망을
찾아야 한다."

"수많은 돌봄은 생명을 보살피는
가치 있는 노동으로 취급되지 않는다.
가장 열악한 노동환경 속에
저임금 노동으로 방치된다.
우리는 외로움을 넘어
서로 끊어진 관계성을 회복하고
상호의존성을 회복하는 사회로 나아가야 한다.
돌봄 없는 성장이 우리의 행복과 존엄을
앗아가는 일을 멈추어야 한다."

반성

2021년 1월 25일, 김종철 전 대표가 사퇴했다. 아침부터 쏟아지는 뉴스와 사실 여부를 묻는 메시지들이 쉴 새 없이 마음을 두드렸다. 말과 글의 홍수 속에 나의 몸이 둥둥 떠다니기 시작했다. 앉아도 봤다가 일어나도 봤다가 한 자리를 뱅뱅 돌아다녀보기도 했지만 여전히 마찬가지였다. 아무 말도 할 수 없었다. 그저 기다려야 했다. 나뿐만 아니라 다수의 정의당원들이 지금 상황을 숨죽이고 지켜보고 있으리라. 섣불리 말 하나를 얹기 전에 차분히 기다리는 게 중요했다. 고통스럽고 지독한 시간이 더해지고 있었다.

모진 격랑 속에서도 피해자의 글과 배복주 젠더본부장의 브리핑에 몸과 마음을 기댈 수 있었다. 두 사람의 입장

문과 브리핑은 어떤 성폭력 사건에도 '피해자다움'은 없다는 사실을 보여주었다. 사실 관계와 추후 계획, 피해 사실 표명과 일상으로 돌아가고자 하는 의지 덕분에 위기를 극복할 수 있겠다고 믿었다. 분노보다는 회복, 분열보다는 재정립을 목표로 두고 나아가야 했다.

이제는 당이 책임질 시간이었다. 항간에 "그래도 정의당이니까 당대표라도 이 문제를 묻어두지 않고 드러낼 수 있었던 것 아닌가?"라는 말이 맴돌았다. 위험한 평가다. '그래도 정의당이니까'라는 말은 자칫 정의당이 아닌 조직은 성폭력 사건을 언제든 묻을 수 있다는, 묻어도 된다는 말과 같기 때문이다. 정의당이 특별한 게 아니다. 어떤 조직의 수장일지라도 가해자가 될 수 있다는 사실이 당연하게 인식되어야 한다. 그러기 위해서는 정의당도 공당으로서의 책임을 막중하게 지녀야 했다.

그러나 위기는 쉽사리 잡히지 않았다. '성 평등 조직문화 개선 TF' 발표와 여러 가지 프로세스가 진행되는 중에도 2차 가해의 말들이 퍼 날라졌다. 피해 당사자는 사법 절차를 원치 않았다. 당내에서 엄중히 이 문제를 다루고 있고, 사법 절차에서 피해자가 겪어야 할 이중삼중의 고통을 잘 알고 있기 때문이다. 그러나 일부 시민단체는 피해자가 원치 않은 고발을 진행했다.

이런 상황에서 정의당은 국민들에게 계속 머리를 숙이고 사과했다. 누구보다 도덕성을 요구받는 진보 정치의 숙명을 거스른 상처는 너무나 크고 깊었다.

흔들릴지언정 희망의 길로 나아가야 하지만 당은 자꾸만 격랑에 빠지고 있었다. 당의 안팎에서는 이 사건으로 발화된 당의 위기에 대해 여러 진단을 내놓았다. 그러나 당시 정의당의 결정적인 위기 원인은 '리더십의 위기'였다. 휘청대는 당의 중심을 잡고, 당의 다음 길을 열기 위해 책임지는 사람이 보이지 않았다. 정의당은 그 무엇도, 그 누구도 우리의 문제를 해결해주지 못할 것이라는 패배주의와 무력감에 시달리고 있었다.

그 혹독한 시간 속에서 정의당을 돌아보았다. 수많은 일을 겪었지만, 모든 갈등이나 문제가 제대로 해결됐다고 말할 수 없었다. 무엇을 반성해야 했고, 또 반성해야 하나. 하나씩 되짚어보기로 했다. 코로나19라는 아주 작은 바이러스의 출현으로 세상 곳곳에 숨겨진 모든 문제가 수면 위로 떠올랐듯이 김종철 대표 사퇴 후의 시간은 정의당의 모든 문제점을 동시다발적으로 되짚게 만든 시간이었다.

정의당이 본격적으로 흔들리던 때는 언제부터였을까. 시계는 '조국 사태'가 휩쓸던 2019년으로 돌아갔다.

차례

국민들은 다 지켜보고 있다. 그리고 냉정하게
심판한다. 정의당은 그 잣대 앞에 더 엄격해질
수밖에 없다. 정의당의 원칙과 가치는 무엇인가,
정의당의 존재 이유를 깊이 생각한다.

지금-
여기,
정의당

_____

1장

조국, 그리고
정의당

정의당의 위기는 언제나 있었다. 진보 정당이 늘 안정적인 위치에 머물러 있기란 불가능하다. 기득권의 공고한 틀을 깨부수고 개혁을 시도하는 조직은 위기와 친할 수밖에 없다. 정의당은 온실 속이 아니라 척박한 땅에서 한 방울 비의 소중함으로 성장하는 정당이다. 그러나 '조국 사태'로 시작된 정의당의 위기는 그동안의 것들과 결이 달랐다.

정확히 짚고 넘어가고자 한다. 정의당은 조국 사태에 모호한 태도를 유지함으로써 진보 정당을 향한 국민 신뢰를 잃었다. 단순히 '실망'이라는 단어로 묶기에는 그동안 받았던 비판과 차원이 다른 말들이 당을 향해 날아오고 있었다.

조국 사태 앞에서 '너희도 똑같은가'라는 질문을 던지는 국민들 앞에서 정의당은 정부를 향해 명확한 일침을 날리지 못했다. 정의당으로서 당연히 해야 할 말을 하지 못했다는 죄책감이 여전히 남아 있다. 그래서 그때를 곱씹어보는 지금 이 순간도 쉬운 일은 아니다.

그러나 '무엇이 문제였나?'는 냉정하게 평가해야 한다. 당시 정의당은 조국 전 장관 문제가 사법적 영역으로 끌려갈 때 같이 휩쓸려버렸다. 정치적 판단에 입각해서 분명한 입장을 내고 선을 긋고 넘어갔어야 했다. 그러나 자꾸만 머뭇거리고 시간을 흘려보낸 탓에 '너희는 검찰 편이냐, 조국 편이냐'라는, 정치적 본질을 벗어난 양자택일을 강요당하는 처지에 몰렸다. 정의당은 다음과 같이 말했어야 했다.

– 조 후보의 흠결이 기득권층 대부분이 문제의식 없이 자행해오던 일일지라도 촛불로 만들어진 이 정부의 장관 후보라면 엄격한 잣대로 판단하는 것이 맞다. 자기 진영과 상대 진영에 다른 잣대를 들이대는 태도는 국민의 동의를 받기 어렵다. 힘든 결정이겠지만, 이번 인사를 강행하는 것은 옳지 않다.

이렇게 지적하고 임명 반대를 분명히 표했어야 했다.

정의당에게는 '데스 노트'라는 별명이 있다. 거대 양당이 자신의 이해관계에 매달릴 때 정의당은 그야말로 국민의 시각에서, 국민의 눈높이에서 할 말은 하고, 안 되는 것은 안 된다고 분명히 말하는 정당이라는 의미에서 붙여진 별명이다. 인사 청문 시즌에 논란이 되는 후보에 대해 정의당이 어떤 입장을 취하는가를 예의주시하는 것은 그것이 국민 다수의 입장과 닮아 있기 때문이다. 최근 민주당 이낙연 후보가 총리였던 당시, 대통령에게 조국 장관 임명에 대해 반대했었다는 고백을 들었다. 임명제청권자조차 반대 의사를 밝힐 만큼 논란이 되었던 상황이다. 이때 정의당이 분명한 입장을 표명하고 사태의 해결 방향을 제대로 가리켰다면, 대한민국을 두 개로 쪼개놓을 만한 극심한 분열과 나라를 혼란의 상황으로 밀어 넣는 일은 피할 수 있지 않았을까.

지나간 시간을 후회하는 것은 무의미하다. 그러나 우리가 왜 그렇게 행동하지 못했고, 왜 그런 환경에 처해 있었는지 진단할 필요는 있다. 이른바 조국 사태가 한창일 때 정의당은 '선거제도 개혁'이라는 오랜 염원을 해결하기 위해 당의 운명을 걸어야 했다. 개혁을 밀어붙이기 위해서는 민주당과의 협력은 불가피한 상황이었고, 모든 순간에 기민하게 반응해야 했다. 정의당의 오랜 숙원을 해결할 기회가 눈앞에 보이는 상황에서 당시 지도부가 선택과 집중을 쉬이 내릴 수 없었을 거라 짐작된다.

나는 '선거제도 개혁'을 위해 2019년 겨울, 열흘간 단식했다. 당 전체의 실천과 노력이 눈물겹게 펼쳐졌다. 심상정 의원은 진보 정당 역사상 최초로 국회에서 '특별위원장' 자리에 앉게 되었다. 그렇게 엮어온 결과물이었는데, 조국 사태와 겹치는 순간 하나씩 삐걱거리기 시작했다. 민주당은 '자유한국당의 비토'를 명분 삼아 심상정 의원을 정치개혁특별위원회 위원장에서 일방적으로 해고했다. 국회에서 비교섭단체는 언제나 '투명 정당' 대접을 받는다. 그런데 민주당은 정의당뿐만 아니라 자신들의 공약인 선거제도 개혁조차 '투명 공약'인 듯 걷어찼다. "정권의 절반을 내놓는 한이 있더라도 선거제도를 바꾸고 싶다"던 고故 노무현 전 대통령의 정신을 이어받겠다는 민주당은 스스로를 배신하는 길을 택했다.

비례의석수를 확대해야 한다던 애초의 논의는 실종되었다. 민주당은 기어코 '캡'론, 즉 연동률이 적용되는 의석수를 30석으로 제한하겠다는 주장까지 내밀었다. 지지율만큼 의석수를 보장하자는, 민심이 제대로 반영된 의회를 만들자는 처음의 마음은 각종 제한과 조건으로 누더기가 되어갔다. 개혁이라 말할 수 있는 수준은 이미 물 건너갔다. 이후 총선이 다가오자 민주당은 미래통합당처럼 위성정당을 만들겠다고 공언했다. 그나마 소폭 개선된 선거제도마저 시궁창으로 처박히는 순간이 되었다.

순진한 것도 죄다. 위성정당 논란이 시작될 때 정의당은 '설마 민주당이 위성정당까지 할까' '이런 위헌적 정당 구성에 대해 선관위가 올바른 결정을 내릴 것이다'라는 식의 안일함에 지배됐다. 위성정당 저지에 목숨 걸고 싸우지도 못했고, 가짜 선거제도 개혁에 더 이상 함께하지 않겠다고 판을 걷어차고 나오지도 못했다. 일부는 위성정당 참여로 실질적 이익이라도 얻어야 한다고 주장했다. 당의 명운과 진로를 생각했을 때 위성정당 참여가 논의할 가치조차 없다고는 할 수 없을 것이다. 그러나 꼼수에 꼼수가 난무하는 선거제 개혁에 우리까지 막차를 탈 수는 없었다.

우리가 받는 평가에 더욱 중요한 대목이 있다. 반년 동안 광화문 광장에 불타올랐던 시민들의 촛불은 국회를 탄핵연대로 이끌었다. 나는 정의당 4기 당대표가 되자마자 이 정부는 민주당 정부가 아니라 촛불정부여야 하고, 더 강력한 개혁입법 연대로 나아가야 한다고 주장했다. 그러나 문재인 정부는 등장부터 이 정부를 '민주당 정부'라 규정했다. 그리고 박근혜 정부 탄핵에 함께한 연대 세력들과 담을 쌓기 시작했다. 이후 문재인 정권과 민주당은 이미 촛불과 탄핵연대를 포기한 상황에서, 우리만 여전히 촛불연정의 추억에 기대고 있었던 건 아닌지 반성해야 한다. 국정농단 세력을 함께 밀어내고 새로운 나라를 만들자던 불과 몇 년 전의 열망을, 구태 정치를 버리고 국민의 의회를 만들자는 다짐을 정의당 홀로 기억하고 있었던 것 아닐까.

결국 국민들은 '선거제도 개혁'에 대해 "정의당이 자기 이권 좀 챙기려고 조국 문제마저 미적지근하게 대하다가 뒤통수 맞았다"라고 평가했다. 정의당은 선거제도 개혁과의 싸움에서 명분도 실리도 모두 잃은 셈이다. 그때부터 회복은 좀처럼 쉽지 않았다.

정치의 신뢰는 '일관성'에서 온다. 아무리 어려운 처지에 놓이더라도 국민들에게 약속했던 가치와 방향성을 놓지 않으려고 애써야 한다. 앞의 말과 태도와 뒤의 말과 태도가 같은지 다른지, 국민들은 다 지켜보고 있다. 그리고 냉정하게 심판한다. 정의당은 그 잣대 앞에 더 엄격해질 수밖에 없다. 조국이라는 길고 위태로운 터널을 지나오며 많은 것을 되돌아보았다. 정의당의 원칙과 가치는 무엇인가, 정의당의 존재 이유를 깊이 생각하게 되었다.

586세대가 만든
오늘의 불평등

　　조국 정국 당시 여러 의원들과 언쟁을 벌였다. 그중 가장 기억에 남는 사람이 있다. 2019년 여름, 온 나라가 '조국 이슈'로 휘몰아쳤던 그때다. 나는 언론 인터뷰에서 "우리가 알던 조국에게 무슨 일이 벌어지고 있는가? 특권층 행태 답습에 국민이 실망하고 있다. 이번 인사청문회에서 정의당이 무조건 오케이할 거라 예상한다면 착각이다"라고 말했다. 며칠 후, 의원회관을 나서는데 민주당의 새로운 개혁주자로 불리던 한 의원이 나를 붙잡았다. 그는 굉장히 불편한 내색을 비치며 이렇게 말했다.

　　- 의원님, 조국이 누굽니까. 노회찬 의원님 후원회장이었습니다. 그런데 정의당이 조 후보에게 부정적으로 나오면 어떡

합니까?

부지불식간에 훅 들어온 그의 이야기에 나는 잠시 혼란에 빠졌다. 거기에 '노회찬' 이름 석 자가 덧붙여지니 이성보다 감정이 올라왔다. 나는 그냥 입을 다무는 쪽을 선택했다.

그렇다. 그들에게 조국이라는 존재는 어떤 정치적 판단이나 도덕적인 잣대로 대해야 할 공직 후보자가 아니었다. '우리의 인연'으로 엮인 인물이었다. 그러니 비판의 날보다는 연대의 손을 내밀어달라는, 정의당이라면 더욱이 그래야 한다는 말을 들어야 했다. 그 '인연'의 범주는 조국으로 끝나지 않을 것이다. 87년 6월 항쟁으로 엮인 인연, 이른바 586세대가 조국 정국을 비롯한 지금의 정치적 문제를 낳고 있는 것 아닌가.

586세대가 만든 '연緣'과 '정情'은 굉장히 공고하다. 억압과 암울의 역사를 이겨내고 사회의 지도적인 위치에 오른 이들, 그러나 이들은 여전히 청춘을 바쳐 싸워왔던 '악의 소멸과 청산'의 임무가 끝나지 않았다고 믿는다. 옳은 일을 함께 해온 '우리 편'이 아니면 상대방은 적이다. 우리 편에 소속된 이들은 어떤 비판이 들어와도 지켜야 한다. 군부정권과 대치하던 시절의 울분이 습관처럼 몸에 배어 있다. 이 연을 뛰어넘는 정치란 현재의 국회 상황으로는 불가능에 가깝다. 촛불과 탄핵을 넘어 새로운 패러다임으로 정치가 열려야 했지만, 586세대의 연은 '우리 편 키우기'에 집중했다. 의원회관을 나서던 나를 붙잡고 읍소하던 그 의원도 결국 그러한 연으로 나를 설득하려고 했던 게 아닐까?

586세대의 연과 정은 정체성이나 성향이 달라도, 심지어 정치 진영이 달라도 서로를 연결하는 힘을 갖고 있다. 그래서 박원순 전 서울시장이 사망했던 때도 그토록 많은 2차 가해가 부끄럼 없이 펼쳐질 수 있었다. 피해자가 엄연히 존재하는데도 '피해 호소인'이라 호명하고, 용기를 낸 피해자의 기자회견을 선거 전 공작이라 의심하고, 심지어 피해자의 일상 회복을 위한 노력은커녕 박 전 시장 추모공원을 세우자는 의견이 공공연하게 나왔다. 모든 것이 거침없었다.

박 전 시장 실종 사망 소식이 있던 날, 방송사 인터뷰가 있었던 나는 모든 일정을 취소했다. 박 전 시장의 죽음이 우리 당에 어떤 파도로 돌아올지 걱정이 밀려왔다. 조국 정국을 겪었던 나는 또 다시 정의당이 이 시류에 휩쓸리지 않을까 두려웠다. 박 전 시장을 추모하면 '추모하기 때문에' 비판 받을 것이고, 추모하지 않으면 '하지 않기 때문에' 비판 받는 게 정의당의 위치였다. 그럼에도 어느 한쪽을 선택해야 했다.

지금 정치권의 울타리는 적과 동지를 명확하게 구분하기를 원했고, 정부 여당은 이 견고한 울타리를 지키기 위해 사력을 다하고 있다. 정의당은 어떤 정치적 선택을 내려도 환영 대신 비난을 받을 게 분명했다. 그런 경우의 수를 수십 가지 머릿속에서 거듭하자니 가슴이 답답해졌다. 왜 이래야 하는가.

박 전 시장은 정말로 성폭력을 저질렀을까. 그런 질문은 필요하지 않다. 세상에는 '그럴 리 없는 사람'은 존재하지 않는다. 가장 낮은 곳부터 가장 높은 곳까지, 우리 사회 곳곳에는 '그럴 리 없는 사람'들도 성폭력 가해자가 되는 경우를 수없이 보아왔다. 박 전 시장이 공익에 부합하는 정치, '연결된 사회'를 정치적 화법으로 구사하고 실현했던 정치인이라는 점은 부정하지 않는다. 그러나 가장 우선시되어야 할 것은 박 전 시장의 업적이 아니라 피해자의 피해 사실 자체다.

그의 정책적 수혜를 받고 다시 일어선 수많은 지지자들의 마음을 위로해주고 싶은 마음은 있었다. 박 전 시장이 사망한 직후 한 노동조합 위원장이 내게 전화를 걸었다. 그는 열악한 노동시장에서 일하다가 박 전 시장 체제에서 표준근로계약서를 획득했다. 전화를 받자마자 흐느끼던 위원장은 박 전 시장이 펼쳤던 수많은 정치적 행보까지 부정당하는 느낌이라 속상하다고 토로했다.

위원장과 통화를 마치고 가만히 생각했다. 박원순의 정치를 마음으로 지지했던 사람들은 위로해줘야 하는 게 아닐까? 나 역시 한 사람의 정치인으로서 그들이 모인 추모 현장에 가서 마음을 다독여줘야 하지 않을까? 그런데 이 과정을 숨죽여 지켜보는 피해자에겐 또 다른 상처로 남을 텐데 어떻게 해야 할까? 무 자르듯 명확하게 취사선택할 수 없었다.

내가 고민 속에 갈팡질팡하고 있을 때 정의당의 두 청년 의원은 명확한 메시지를 전했다.

- 추모할 의사 없음.
- 피해자와 연대.

분명했다. 그들에게 박 전 시장의 업적과 이번 가해에 대한 문제는 별개였다. 박원순이라는 사람의 삶이 어떠했는지, 그를 둘러싼 민주화 세력의 연대 정도가 어떠한지 등을 전혀 고려할 이유가 없었다. 두 청년 의원에게 중요한 것은 정치 연줄도, 세대로 갈리는 울타리도 아니었다. 오로지 피해자와 같은 시선을 공유하며 어떠한 위력도 여성의 자기 존엄을 해쳐서는 안 된다는 시대정신을 대변했다. 그것은 피해자를 보호하고 일상으로 돌아오게 하는 일이다.

이제 586세대의 연과 정은 정치권에서 사라져야 할 네트워킹이다. 우리에게 새로운 선택지는 분명하다. 그렇지 않으면 조국 정국에서의 집단 감싸기, 박 전 시장 성폭력 사건에서의 피해자 지워내기가 또 다시 반복될 것이다. 우리는 고민해야 한다. 민주화 혁명을 위해 만들어진 그 세대의 연과 정은 이제 반대로 또 다른 기득권이 된 것은 아닌가? 조국 정국부터 박 전 시장 사망 이후까지, 우리를 에워싼 후진적인 관습을 떨쳐내는 데 기성 정치인들이 너무 게으르지 않았나를 반성해본다.

3

나는 왜
정의당이어야
하는가

왜 하필 정의당인가?

선거를 치를 때마다 가장 많이 받는 질문이다. 이정미
가 정의당만 아니었으면, 좀 더 큰 당의 정치인이라면 등 여
러 가정법으로 안타까움을 전하는 지지자가 많다.

21대 총선에서 떨어지고 한 달 남짓 깊은 사색의 시간
을 보냈다.

21대 총선 당시 나는 현직 국회의원이었다. 정치후원
금도 있었고 유능한 보좌진들도 옆에 있었다. 비례국회의원
으로 당선되고, 박근혜 대통령 탄핵이 가결된 직후 나는 송

도 연수구를 지역구로 정하고 활동을 시작했다. 단 하루도 빼놓지 않고 지역구민을 만나고 민원을 해결했다. 정말 하루도 빼놓지 않았다고 말할 수 있다. 게다가 나는 당대표까지 역임했다. 이런 조건을 따져보면 나는 선거에 뛰어들 자본과 인력과 인지도를 모두 갖춘 셈이다. 그런 내가 재선 도전에 실패했다. 그렇다면 나보다 취약한 환경에서 선거에 도전했던 우리당 후보들은 어떤 마음이 들까.

나의 재선 도전은 단순히 한 정치인의 재선이라는 범주를 넘어서는 의미를 갖고 있었다. 노회찬, 심상정 이후 재선 의원이 나오지 않은 상황이었기에 '송도 연수구'는 정의당에게 꼭 승리를 안겨줘야 하는 지역구였다. 이것은 당적인 사명이고, '한 번만 하기 없기'라던 고 노회찬 의원과의 약속을 지키는 일이었다.

나는 재선을 통해 차세대 의원, 청년 의원들의 든든한 버팀목이 되고 싶었다. 가끔 '만약에 내가 재선에 성공했더라면'을 가정하고 류호정 의원과 장혜영 의원을 생각한다. 재선 의원 이정미가 있었다면 "이정미도 잘 해냈으니까 저 의원들도 마음껏 뛰어보라고 응원하자"라는 여유를 가지고 당원들과 국민들이 적극 지지해주지 않았을까? 정의당의 새로운 얼굴들이 정치에 새로운 변화를 이끌어낼 때 그것을 제대로 뒷받침하고 안정감을 줄 수 있는 재선 의원이 있었더라면…… 그 안타까움은 오롯이 나의 몫이 되었다.

이렇게 재선은 나에게도, 당에게도 절체절명의 과업이었다. 본격적인 선거가 시작되고 코로나19가 터졌다. 이 과업을 이루지 못할 것 같은 스트레스가 선거 당시 온몸으로 나타났다. 당장 얼굴이 말라붙고 있었다. 선거일 직전, TV 토론 참석을 위해 마이크를 착용하는데 검은 정장 위로 얼굴에서 하얀 각질이 우수수 내려앉았다. 스트레스와 초조함이 몸 깊은 곳에서 얼굴까지 올라와 피부를 밀어내고 있었다.

그렇게 선거는 끝났다. 선거가 끝나고 아직 정돈되지 않은 마음의 갈피를 잡아준 두 사람이 있다. 총선 당시 나를 도운 여러 소중한 사람들 가운데 호남향우회에서 활동하는 친구가 있다. 지역에서 호남향우회는 정치적 성향이 분명하다. 그러나 그는 이정미의 성공을 응원하며 주변 시선을 아랑곳하지 않고 지지 활동을 펼쳤다. 선거 패배 후 저녁식사를 마치고 돌아가는 차에서 그는 말했다.

— 나는 어렸을 때부터 경쟁에서 지는 거 엄청 싫어하는 사

람이야. 그런데 정의당 하려니까 진짜 많이 외롭더라.

그는 이정미라는 정치인이 정의당이어서 외롭고, 이 싸움에서 점차 보이지 않는 길이 펼쳐져서 외롭다고 말했다. 나만 힘든 게 아니었다. 나를 지지하는 사람들도 그만큼 힘들었다.

다른 한 사람은 지역의 학부모 회장이다. 그는 아이들의 안전과 교육 환경을 위해 팔을 걷어붙이는 나를 늘 응원해주었다. 선거가 끝나고 맥주 한잔하는 자리에서 내 눈을 제대로 보지 못하는 그에게 웃으며 말했다.

- 이번에 나 못 찍어줬죠?

이번 선거에서 엄마들 사이에 '민경욱'은 안 된다는 분위기가 휩쓸면서 후보자의 이름조차 알지 못했던 민주당 후보를 찍어야 했던 그는 내게 "미안하다"고 했다. 그때 나는 느꼈다. 최선을 다했다고 믿었고, 그 최선의 결과가 낙선이라는 것에 좌절했던 나 자신이 부끄러웠다. 가까이에 있는 친구의 마음도 붙잡지 못했다면 나는 부족했던 게 분명하다. 그리고 이런 상황에서도 나를 지지하고 선택해준 23,183표의 소중함을 더 깊이 느끼게 되었다.

정치는 '운칠기삼'이라고 한다. 민경욱과 코로나19라는 양대 위협이 선거판에 어두운 그림자를 만들었다. '이정미를 찍으면 민경욱이 당선된다'라는 공포 조성 분위기부터 '전대미문의 사태를 극복하기 위해서는 힘을 모아 대통령 방역을 뒷받침해주자'라는 주장이 연수구를 뒤흔들었다. 선거 막판에 골목 곳곳을 걷고 있노라면 아이 엄마들이 나를 안고 어떻게 하면 좋으냐면서 울었다. 그 마음을 모르지 않는다.

어두운 운의 기운을 덜어내는 것은 노력이다. 그런데 너무 열심히 노력해서 생기는 문제도 있었다. 항상 운동으로 다져진 튼튼한 몸의 소유자, 신길웅 보좌관이 선거 운동 기간에 쓰러졌다. 그는 선거 운동에 영향을 미칠까 나와 선거 본부에 알리지도 않고 혼자 병원에 가서 입원했다. 십년을 감수했다.

결국 모든 질문은 나에게로 돌아왔다.

나는 왜 정치를 하는가.
나는 왜 정의당이어야 하는가.

나의 조건에서도 낙선했는데 정의당의 수많은 사람들은 희망을 가질 수 있을까.

불면의 밤이 지속되었다.

여전히 답이 나오지 않는 질문들을 붙잡고 있다가 문득 질문을 뒤집어봤다. 내가 꿈꿔온 사회, 내가 손잡아주어야 할 사람들의 삶을 위해 정의당을 대신할 정치 세력이 대한민국에 존재하는가? 정치가 아닌 방식으로 제도와 시스템을 변화시킬 방법이 있는가. 정치와 정의당이 아닌 대체재가 지금 이 사회에 존재하고 있다면 멈춰도 좋다.

이처럼 역으로 묻다 보니 선명하게 답이 보였다. 정의당의 정치로만 내가 가고자 하는 길을 갈 수 있다. 그렇다면 다시 일어서자. 정의당에서 더 최선을 다해보자. 단순한 결론이지만 내 마음 깊은 곳에서 나온 소중한 해답이다.

정의당이 아니라 민주당에 들어가서 정치하면 안 되느냐고 내게 묻는 사람도 있었다. 민주당 내에도 진보 정당만큼의 행보를 보이는 의원들이 있다는 사실을 알고 있다. 그러나 그 의원들이 있다고 해서 민주당이 진보 정당일까? 나

는 절대 아니라고 생각한다. 이에 대한 답은 2019년 비교섭
단체대표 연설에서 의견을 밝힌 바 있다.

— 지금의 민주당은 대통령의 높은 인기와 당내 일부 진보
인사들을 '알리바이' 삼아 진보를 과잉대표하고 있는 것은 아닙
니까? 진보의 레토릭만을 이용하여 세상을 바꾸는 데 소극적이
고, 변화의 책임을 떠넘기면서 늘 다음 선거에서 우리를 압도적
다수로 만들어달라는 것이 과연 정당합니까?

이런 이유 때문에 시민들은 정권이 바뀌어도 불평등과 불
공정이 해소되는 정치를 기대하지 않습니다. 재벌 불패·부동산
불패·학벌 불패의 신화는 계속되고 있습니다. 각자도생과 자력
구제는 여전히 삶의 유일한 방편입니다. 그래서 감히 저는 묻습
니다. 민주당은 진보입니까? 민주당은 과연 불평등과 불공정을
극복할 정치적 비전과 의지를 갖고 있는 정당입니까?

그럼에도 불구하고 불가능의 영역이 더 큰 현실에서
내가 가고자 하는 정치의 길을 완주할 수 있겠느냐는 우려
섞인 시선을 받곤 한다. 그러나 나는 나와 함께하는 주민들
을 생각하며 뛸 것이다. 선거가 끝나고 동네를 산책하다가
커다란 나무 앞에 섰다. 그 나무는 나에게 속삭였다.

- 바람은 언젠가 불어온다.

그 바람이 정의당을 향해 불어올 때, 나는 그 바람을 맞을 자리에 서 있어야 한다. 나는 나무 같은 정치인이 되어야 한다. 나를 향해 불어오는 바람을 나무처럼 버티고 기다리지 않으면 다른 곳으로 흘러가버릴 것이다. 그렇게 흘려버린 바람이 얼마나 많았나. 나무 같은 정치인으로, 지역 주민 곁에서 묵묵히 버티고 싶다. 나에게 불어오는 바람을 차분히 기다리는 정치인이 되어야겠다고 다짐했다. 그렇게 자리를 박차고 일어나 지역에 내 이름을 걸고 연구소를 만들었다. 주민들을 다시 불러 모으고 지역 커뮤니티 속으로 뚜벅뚜벅 들어갔다.

4

정의당의
위기

정의당의 위기는 좀 더 근원적으로 접근해야 한다. 우리는 '복지국가 선도 정당'이라는 프레임에 안주했다. 2004년 무상교육, 무상의료로 출발한 진보 정당의 복지 프레임에 갇혀서 복지정책의 양적 승부에만 집착했다. 사회의 불평등 양상이 심각해지자 보수 정치 내에서도 더 이상 복지를 외면한 성장만을 부르짖기는 힘들게 되었다. 각 정치 세력은 복지 프레임 내에서 '우리가 더 많이 줄 수 있다' '우리가 더 합리적으로 줄 수 있다'는 싸움만 거듭했다. 시대가 변하고 국민들의 정치적 요구도 달라졌다는 사실을 정의당은 깨닫지 못했다.

정의당의 정체는 그 이면에 두려움이 깔려 있다. 진보

정당이 쪼개지고 합해지는 수차례의 경험 위에서 다시는 실패해서는 안 된다는 강박이 있다. 나 역시 마찬가지다. 해산과 통합의 과정 중심에 언제나 함께했기에 당내 논란이 불거지면 당의 운명부터 걱정했다.

'실패하면 안 된다'는 강박은 '목소리가 분열되면 안 된다'로 흘러갔다. 그러다보니 서로의 생각의 차이를 드러내거나 치열하게 논쟁하는 과정을 알아서 생략했다. 그렇게 우리는 사유와 학습과 토론으로부터 멀어졌다. 세상의 변화 맨앞에서 어느 길로 가는 것이 보다 나은 세상을 위한 길인지를 안내해야 하는 진보 정치의 색깔을 잃어갔다. 결국, 치열한 논쟁 위에서 성장하는 길보다 맹목적 단합에 집중했다. 깨지는 것이 두려운 정당. '좋은 게 좋은 거야'라고 안주했던 시간. 극심한 변화의 한복판으로 들어가지 못한 정의당. 우리는 우리 당을 '유리구슬'처럼 다루었다.

19대 국회 때부터는 정의당은 선거제도 개혁에 모든 당력을 집중했다. 모든 정당이 그러하겠지만 우리의 꿈은 '집권'이다. 그 꿈을 펼치려면 유력 정당, 즉 독자적인 힘으로 원내교섭 단체가 되는 게 절실했다. 나는 20대 국회에서 그 절실함을 안고 열흘간 단식농성도 했다. 선거제도 개혁의 문앞까지는 갔으나 끝내 그 문을 활짝 열지는 못했다.

그런데 '유력 정당'이 되려는 노력만큼 유력 정당이 되어 '무엇을' 할 것인가에 대한 진지한 고찰은 부족했다. 지금 이 시대가 안고 있는 가장 절실하고 절박한 과제를 찾아내고, 제대로 된 대안과 해법을 제시해야 국민들도 '선거제도를 뜯어고쳐서라도 저 정당을 키워주자'라며 지지할 수 있다. 국민들에게 정의당은 민주당이 잘못할 때 따끔하게 충고해주는 맘 곧은 친구 정도로 비쳤다. 우리는 정의당을 독자적인 유력 정당으로 키우자는 여론을 만들지 못했다.

4차 산업혁명으로 인한 디지털 노동환경, 더 이상 미래의 위험이 아니라 오늘의 삶에 닥쳐오는 기후 위기, 부모보다 못한 삶을 사는 청년세대의 출현, 존엄한 존재로 살아가고픈 이들의 확장된 민주주의에 대한 요구, 이런 문제들이 사이드 메뉴처럼 취급받는 동안 살아남는 데만 사활을 걸었던 정의당은 아이러니하게도 살아남는 것을 가장 못하는 정당이 되었다. '시대의 선두에 선 나침반 역할'을 제대로 수행하지 못했다. 진보 정치의 매력을 잃어버렸다. 무상급식부터 시작해 민주노동당에서 시작한 의제들은 시간이 지나면서 하나씩 현실화됐다. 모두가 실현 가능성이 없다고 말할 때,

그럼에도 끈질기게 사회를 변화시키고 가능하게 만들어온 시간이었다. 진보 정당의 정책이 2004년에서 업데이트되지 못했다는 비판을 뼈아프게 받아들여야 한다.

2020년 총선 때 '그린 뉴딜' 공약이 나왔다. 기후 위기에 가장 발 빠르게 대응한 정당이었다는 점에서 자부심을 가진다. 그러나 이 정책의 의미가 당 내에서 많은 학습과 토론을 통해 합의점을 높이지 못한 채 발표된 점이 못내 아쉽다. 선거 시기가 되면 캠프 정당처럼 당의 주요한 정책을 일방적으로 발표하는 방식을 이제는 극복해야 한다. 주요 의제들을 당의 활동가부터 진지하게 다루고 토론하며, 합의점을 높이고 실천으로 이어지도록 노력해야 한다.

지금 국민들은 진보 정당을, 정의당을 어떻게 바라보고 있을까. 정말로 우리 삶에 필요한 정당이라고 생각하고 있을까. 예전처럼 "아무리 그래도 진보 정당 하나는 있어야지"라고 말씀하시는 분들을 갈수록 만나기 힘들다. 앞서 말했던 정책 부재도 원인이겠지만, 요즘 정의당이 다른 정치 세력의 문제점들만 들춰내고 지적하는 정당으로 비치는 것도 원인이다. 모든 사안에 안티테제로 임하는 모습은 국민들에게 피로감을 안겨줄 뿐이다. 최근 정의당은 반 기득권 동맹이라는 울타리를 두르고 '적'과 대척하고 있다. 불평등의 심화로 고통 받는 80퍼센트의 사람들을 제대로 대변하겠다는 의지는 분명하지만, 나는 이러한 정치적 수사보다 더 중요한 것이 있다고 본다.

정의당은 힘든 국민들을 따뜻하게 위로할 수 있는 정책으로, 올바른 생각을 내세워 누가 들어도 고개가 끄덕여지게 만들어야 한다. 옳은 것을 향해 몸부림치고 나아가는 걸 보여줘야 박수도 받을 수 있다.

얼마 전 지역 커뮤니티에서 만난 젊은 부부가 나에게 부동산 세금에 관한 걱정을 털어놓았다. 부부는 원래 살던 집을 두고 오랫동안 모아둔 돈과 은행 대출금으로 새집을 마련한 참이었다. 나는 그들에게 세금이 걱정이면 원래 살던 집을 처분하는 게 좋지 않겠느냐고 물었다. 부부는 잠시 머뭇거리더니, 자신들의 두 자녀가 나중에 컸을 때 집 한 채 씩은 물려줘야 할 것 같아서 부담을 안고서라도 다주택 상태로 있는 게 걱정을 더는 길이라고 답했다.

이 사람들에게 당신은 부동산 기득권이라고 야단칠 수는 없는 일이다. 그 부부의 행동은 잘못된 게 아니다. 그들에게 더 나은 세상이 있다고, 더 좋은 사회가 만들어질 거라고 신뢰를 주지 못한 진보 정당과 나에게 책임이 있다. 그들에게 "당신이 그렇게 악착같이 끌어안지 않아도 우리 아이들이 살기 좋은 세상을 함께 만들자"라며 손을 내밀어야 한다. 우리는 '설득의 언어'로 정책을 마련해야 한다. 집 없는 사람들을 위한 주택 정책에 힘을 기울이는 일도 잊어서는 안 된다.

사람들이 마음속에 품고 있는 '연대'의 정신을 이끌어 내야 한다. 지금처럼 코로나19로 사회가 단절되기 전, 나는 대기업 노동조합 강연에 많이 초청되었다. 강연 중에 늘 박수를 크게 받는 대목이 있다.

- 우리가 전태일이라는 사람을 이렇게 오랫동안 기억하고 존경하는 이유는 무엇인가. 자신의 차비를 내어서라도 더 어린 여공들의 저녁 한 끼로 풀빵을 사줄 수 있었던 정신 때문이다. 지금 대기업 노동자들의 연소득은 전체 국민소득의 20퍼센트 안에 든다. 우리가 기업 내에서 우리의 권익을 위해 싸우는 일도 중요하지만, 이제 우리가 월 1만 원이라도 사회연대 세금을 더 올리자고 요구하고, 국회를 압박하고, 어려운 이웃과 함께하는 노동자가 될 때 더 멋진 노동자가 될 수 있지 않을까.

신영복 선생님은 "인간의 삶을 바꾸려는 현상은 엄청나게 많고, 바꾸려고 하는 사람들은 적다. 1602년 인조반정 이후부터 우리 사회 지배 체제 권력구조가 한 번도 바뀐 적이 없다. 바꾸려는 주체적 역량이 취약했기 때문"이라고 하셨다. 이 취약성을 극복하기 위해 하방연대, 즉 골짜기 물이 낮은 곳을 흘러 바다를 이루듯 비정규직, 소외계층, 여성 등 사회적 약자, 즉 취약한 역량끼리 깨끗하게 만나는 연대를 강조하셨다. 정의에 동참하는 시민들을 더 많이 만들고 만나는 것, 그것을 통해 세상을 변화시킬 힘을 구축해야 한다.

정의당 바깥은 겨울

정의당 바깥을 바라보자.

'불평등'이라는 우리 사회의 뿌리 깊은 과제는 어느 순간부터 '공정'이라는 납작한 의제에 가려졌다. 최근 대선 출마를 선언한 여야 유력 주자들도 하나같이 '공정'을 내세우고 있다. 하지만 무엇이 공정이며, 공정의 기준은 무엇인지 명확한 답을 들을 수 없다. 그들은 불평등 문제에는 눈을 감는다. 스스로를 진보라 주장하는 586세대 엘리트들은 공정을 간판으로 걸어놓고 전혀 다른 장사를 하고 있다. 바로 '토착왜구 섬멸'이 그들의 주 메뉴다. 시간이 흘러도 낡은 염원을 구간 반복하고 있다.

그들은 지금도 '우리의 과업은 아직 끝나지 않았다'라고 믿는다. 짱돌을 들고 최루탄 가스를 피하던 시절의 울분을 지금까지 품고 있다. 물론 과거는 소중하다. 그 시간이 군부정권을 밀어냈다. 한 편의 연극으로 치면 성공적으로 끝났다. 커튼콜 후 자리를 비워줘야 하는 것이 연극의 숙명이다. 그래야 다음 무대가 시작된다. 새로운 무대, 새로운 극을 기다리는 사람들 앞에서 막을 내리지 않고 같은 소리만 반복하면 관객들은 외면한다.

지금의 정치가 그렇지 않을까. '어떤 나라를 만들 것인가'에 답을 구하는 사람들에게 적폐청산이 끝나지 않았으니 '그 문제는 다음에'라고 답하는 정치. 대표적 적폐인 검찰과 언론을 적으로 규정하고, 이 둘을 개혁해야만 세상이 바뀐다는 논리의 쳇바퀴 안에서 달리는 정치. 검찰 개혁과 언론 개혁이 중요하지 않다는 게 아니다. 시대정신이 무엇을 요구하는지, 제발 쳇바퀴 바깥의 세상을 보자는 것이다.

국민의힘과 보수주의자들이 만드는 세상에 어떻게 기대를 걸겠나. 촛불로 만들어진 이 정부는 달라야 했다. 촛불 이후, 우리는 새로운 국가와 새로운 민주주의, 그야말로 전환의 계곡을 넘어갈 모든 조건을 갖추고 있었다. 당대표 시절,

나는 청와대 초청 자리에서 문재인 대통령에게 요구했다.

　- 지금의 국민들은 절대 다수가 나라를 제대로 확 바꾸라
는 데 동의하고 있다. 나라를 바꾸는 일이라면 물구나무를 서서
출근하자고 해도 동참할 것이다. 이때 조세제도를 포함하여 기
득권의 저항으로 해결하지 못했던 일을 과감히 돌파해야 한다.
국회 역시 협치의 틀이 마련되어 있지 않나.

　그러나 불평등을 해결할 모든 시도를 놓치고 말았다.
우리 정치사에 두 번 다시 찾아오기 힘든 골든타임을 허비
했다. 뼈아프다.

　- 한때 변화의 가장 큰 동력이었던 사람들이 어느새 시대
의 도전자가 아닌 기득권자로 변해버렸나, 모두가 평등하고 존
엄하게 살아가는 세상을 위해 사랑도 명예도 이름도 남김없이
싸우겠다던 그 뜨거운 심장이 왜 이리 차갑게 식어버렸나?

　챗바퀴 안을 돌고 있는 정치인을 향해 던진 장혜영 의
원의 말이 가슴을 때린다.

6

정의당과 젠더

대선 경선 와중에 추미애 전 장관의 페미니즘 관련 답변을 보고 나는 두 눈을 의심했다. 앞뒤 맥락을 봐달라고 해명했지만 '독선적이고 혐오적으로 오해받는 페미 현상, 꽃처럼 대접받기를 원한다면 항상 여자는 장식일수밖에, 기회의 공정을 원했지 특혜를 달라고 하지 않았다, 페미라는 것에 반대한다' 등의 언어는 평등한 사회로 나아가기 위해 고군분투해온 여성들의 삶과 경험을 뒤흔들어놓았다.

추 전 장관의 답변을 유도한 질문 자체가 저급했다는 점은 알고 있다. 그러나 여성과 남성이 절대적으로 동등할 수 없는 사회적 환경과 맥락을 건너뛰고 현재의 페미니즘에 반대하고, 심지어 이를 여성 당사자의 언어로 전함으로써 백래시① 명분을 만들었다. 배타적 페미 현상, 페미의 극단화를 반대한다고 했지만, 결국 그의 발언은 곡해의 소지 없이 반反페미니즘적 메시지다. 추 전 장관의 발언이 특히나 놀라웠던 이유는 당대표를 맡았던 시절, 같은 여성 당대표로서 우리가 했던 다짐 때문이었다.

당대표에 당선되고 당시 민주당의 대표였던 추 전 장관을 예방한 날이었다. 추 전 장관은 "언론에서 '신 트로이카 시대' '여성 당대표 3명이 주목받고 있다'고 말하고 있다. 자라나는 아이들에게 진정한 양성평등 시대의 롤 모델이 될 것 같다. 이렇게 열심히 하면 정치권에서도, 대한민국 정치를 이끌 수 있는 위치에 갈 수 있다는 살아 있는 교육이 될 것이다"라며 잘해보자고 덧붙였다.

나는 "여성 당대표 시대를 뛰어넘어 우리 사회에서 차별받고 폭력으로 어려움을 겪는 여성들에게 여성의 삶을 보호할 수 있는 정치로 거듭나는 계기가 될 것이라 확신하고 있다. 그 문제를 위해 더 열심히 노력하는 당대표가 되리라 스스로 다짐한다"라고 답했다. 추 전 장관도 거듭 동의했다.

① ─────
backlash, 사회·정치적 변화에 대해 나타나는 반발 심리 및 행동.

여성이 당대표가 되는 것이 어떤 상징적 의미로 끝나지 않고 실질적인 평등의 시대를 함께 열 수 있도록 힘을 모으자는 뜻깊은 만남이었다. 최근 사람들은 소수의 여성이 '유리천장'을 극복한 사례를 모든 여성에게 적용하여 마치 사회가 성 평등 혹은 역차별 사회가 된 것처럼 말하곤 한다. 조직들도 성 평등을 지향하고 있음을 증명하는 방법으로, 일부 소수를 토큰token처럼 뽑아 대표하게 함으로써 착시 현상을 만들고 있다. 나는 그것을 우려했다. 그러나 추 전 장관은 자신의 성공 신화를 빗대어 결과의 평등으로 나아가기 위한 여성들의 노력을 특혜 요구로 폄훼했다. 지금을 살고 있는 모든 여성의 삶의 서사는 하얀 백지로 둔갑하고, 그 기회의 평등 위에서 자신의 노력으로 성공을 입증하라고 주장한 것이다.

또 한 사람이 있다. 안철수 국민의당 대표는 서울시장 보궐선거 당시 토론회에서 〈서울시 퀴어 축제〉에 대해 '보지 않을 권리'를 주장했다. 안 대표의 보지 않을 권리는 비단 성소수자에 국한되는 이야기가 아니다. 사회 곳곳에는 보지 않을 권리를 내세워 소수자에게 '비非가시화'를 강요하고 있다. 과거 여성에게 참정권을 주지 않는 것도 정치의 세계에서 여성을 보지 않을 권리다. 장애인 이동권을 보장하지 않는 것도 장애인을 보지 않을 권리로, 장애인이 세상에 나오지 못하게 하는 강제력을 지닌다. 안철수 대표의 말은 풀어놓으면 이것이다. 너희를 반대하지 않지만 그렇게 꼭 티를 내야겠니? 내 눈에만 띄지 않으면 용서해준다는 식의 놀랍고도 폭력적인 차별 발언이다. 지금도 정치의 세계에서는 이렇게 차별적인 발언들이 흘러 다닌다.

현 정부가 들어설 때 문재인 대통령은 '페미니스트 대통령이 되겠다'고 선언했다. 차별과 폭력을 종식시키기 위해서는 사회와 조직의 리더십이 중요하다. 어떤 방향으로 사회와 조직을 이끌어갈지에 대한 리더의 확고한 의지 표명만으로도 국민은 안심할 수 있다. 미국 국립과학기술아카데미가 2018년에 발표한 보고서를 주목한다. 연구자들은 성희롱의 가장 강력한 예측변수를 '기업 문화'로 꼽았다. 가해자 한 명을 솎아내는 것만이 전부가 아니다. 조직이 성희롱을 용납하지 않음을 분명히 하는 분위기, 기업이 성희롱을 공정하게 다룰 거라는 믿음이 형성되면, 그것이 가해자들에게도 전해져서 희롱을 범할 확률이 낮아진다는 설명이다. 그런 점에서 '페미니스트 대통령' 선언은 매우 의미가 컸다.

그러나 대통령의 선언이 가져다준 안심은 오래가지 않

았다. 성범죄 이후에 모친의 장례식을 언론 공개로 전환한 안희정에게 '대통령' 직함이 쓰인 조화가 도착했다. 대통령의 조화는 정치적 행위다. 고인을 애도하고 유족을 위로하는 방법은 대통령의 정치적 행위 바깥에서 얼마든지 할 수 있었다. 그러나 대통령이 정치 행위로 안희정을 공식적으로 위로하는 순간, 피해자들은 더 이상 이 나라가 나 같은 존재의 피해를 지켜줄 거라는 믿음을 접게 된다.

차별금지법과 낙태죄 폐지를 향한 침묵이 이어지고 페미니스트 대통령은 일회성 선언에 그쳤다. 오히려 최근에는 존재하지도 않은 페미니스트 정책으로 이 정부가 피해를 본 양 선긋기에 여념 없는 모습이 보인다. 차별에 대한 무감각, 특히 정치 리더의 무감각은 우리 사회 곳곳에 각종 차별을 떠다니게 만든다.

- 차별은 마치 대기 오염과 같다. 오염이 심해지면 가장 먼저 쓰러지는 건 기저질환이 있는 사람들이겠지만, 계속 방치하면 결국 모두가 호흡할 수 없게 된다. 마찬가지로 당장 내가 받는 차별이 적다고 해서 이에 무관심하거나 계속 방치한다면 우리 사회 안에서 차별은 한없이 퍼져나가고 후에 그 피해는 나와 우리 모두에게 되돌아온다.

이주민 변호사의 『왜 차별 금지인가』라는 책의 한 대목이다. 우리 사회의 공기를 바꾸는 최선두에 서는 대통령이 필요하다.

그렇다면 정의당은 페미니즘 정당인가.
나는 단호히 대답할 수 있다.
정의당은 페미니즘 정당이라고.

정의당은 성차별에 반대하고 성 평등 세상을 목표로 한다. 그런데 거친 언어로 '정의당 페미 반대'를 외치는 인식은 마치 정의당이 남성을 적대하고 혐오하며, 여성이 더 많은 우월과 특권을 누려야 한다는 것으로 본질을 왜곡하고 있다. 혐오에 대응하기 위해 혐오를 부추기는 방식의 여성주의는 정의당과 인연이 없다. 사회를 더욱 평등하게, 모든 사람들이 서로를 존중하며 살아가는 사회를 만들자는 것이 정의당의 여성주의다.

2014년 영화배우 엠마 왓슨은 UN 연설을 통해 히포쉬 He for She의 시작을 알렸다.

– 많은 남성들이 페미니스트를 남성 혐오자라고 생각한

다. 이런 인식을 바꾸기 위해서는 남성들이 실질적으로 페미니즘에 참여해야 한다. 남성과 여성은 모두 자신이 세심하거나 강하다고 느낄 자유가 있다. 가부장제가 남성들에게도 차별을 낳고 있으며, 이것이 남성들도 참여해야만 하는 이유다.

우리 모두가 같은 인간이라는 것을 받아들이는 것, 그것이 페미니즘의 출발이다.

최근 내 머릿속을 한 번씩 치고 지나가는 말이 있다. 안희정의 "괘념치 말거라"이다. 마음에 두지 말고 잊으라는 말이다. 가해자가 피해자에게 잊으라고 강요하는 건 입을 막고 누구에게도 알리지 말라는, 또 다른 언어폭력에 불과하다. 거기에다가 이 언어가 갖고 있는 지독히 봉건적인 상하관계의 맥락이 내 마음을 분노케 한다. 수많은 묵살들, 더 큰 목적을 위해서, 이른바 대의를 위해서 복종하고 순응해야 한다는 성차별적 문화가 우리 사회를 얼마나 지배하고 있던가. 안희정, 박원순, 오거돈 등의 이름으로 이어지는 "괘념치 말거라"는 언제쯤 끝날 것인가.

당대표 시절 나는 '여성의날'을 맞이해 이런 메시지를 낸 적이 있다.

– 대한민국 여성들에게 불면의 밤이 계속되고 있습니다. 성폭력 피해자 한 명 한 명이 언론에 나와 모든 것을 걸고 고백할 때마다 누구나 겪었던 고통의 기억들도 하나둘 복기됩니다. '왜 그때 우리는 대처하지 못했는지' '왜 나는 그때 조용히 참고 있어야만 했는지', 억울함과 분노가 뒤섞이고 있습니다.

이는 곧 나의 이야기이기도 하다. '미투Me Too 운동'이 한창 일어나던 당시에 나는 매일 뒤척였다. 기억 속에 묻어둔 '괘념치 말아야' 하는 기억들이 하나둘 떠올랐기 때문이다. 나뿐만 아니라 대부분의 여성들이 그랬을 것이다. 여성들은 잠재의식 저편에 금고를 두고 있다. 다시는 내용물을 추가하지 않길 바라는, 그 사건들이 애초에 없었던 것처럼 묻어둔 금고가 있다. 그 금고 속에는 우리가 겪은 각종 성폭력 피해 기억들이 잠겨 있다. 미투는 그 금고를 열어젖힌 시대의 열쇠였다. 억울함과 분노가 모두 집결된 금고가 누군가의 용기로 열렸고, 그 용기를 세상에 알린 과정이 미투다. '유별나고 못된 여자들의 반란'이 아니라 그동안 감내해왔던 목소리가 본격적으로 금고 바깥에 터져 나온 것뿐이다.

정의당은 잠재의식 저편의 금고가 사라지는 날을 꿈꾼다. 누구든 목소리를 내서 맞설 수 있고, 그런 목소리를 듣자마자 모두가 당연하다는 듯이 힘을 실어주는 세상이 정의당이 바라는 세상이다. 그런 의미에서 다시 "정의당은 페미니즘 정당인가?" 묻는다면 두 번 세 번 같은 대답을 전할 것이다.

정치는 더 젊어져야 한다. 많은 청년들이
정치의 세계 속으로 자신의 문제를 가지고 들어와
서로 소통하고 논쟁하고 싸우게 해야 한다.
그래야 세상이 바뀐다.

청년
정치의
힘

2장

1

류호정과
장혜영

나는 류호정 의원의 후원회장이다. 총선 후, 류 의원이 직접 찾아와 후원회장직을 부탁했다. 이제야 말하지만 주변에서 만류하는 사람이 적지 않았다. 류 의원에 대한 논란과 공격이 지속되었고, 그로 인해 나에게도 부정적인 평가가 내려질 거라고 걱정했다.

그래서 더 후원회장이 되고 싶었다. 내가 어떤 보증수표는 되지 못하겠지만 당의 선배로 류 의원을 든든하게 뒷받침해주고 싶었다. 류호정과 장혜영. 많은 사람들이 정의당의 두 청년의원에 대해 묻는다. 섣불리 내가 그들과 그들의 미래를 안다고 단언할 수는 없다. 그럼에도 명확하게 말할 수 있다. 두 의원 모두 정의당을 잘 만들어줄 거라고 말이다.

처음 두 의원의 존재가 부각되었을 때 "경험도 부족한 어린 나이에 어떻게 정치를 하느냐?"라는 걱정이 오갔다. 도리어 나는 국회에는 어떤 경험과 얼마만큼의 나이가 필요한가 묻고 싶다. 3김 시대를 열었던 고故 김영삼 전 대통령은 스물일곱에 국회의원이 되었다. 586 정치인, 현 정치의 주류 세력은 20대 내내 세상을 바꿔놓겠노라 체제 혁명을 꿈꾸었다.

　국회 바깥의 직장에서는 20대에 신입사원이 되고 30대가 되면 중요 직책을 하나씩 맡는다. 그러다 40대가 되면 한 부서를 이끌고 50대에 있을 정년퇴직을 걱정한다. 그런데 정치만큼은 중년이 되어서야 시작하는 게 통상적으로 여겨진다. 국회 바깥에서 일정한 지위와 스펙과 유명세를 쌓은 후에야 진입하는 코스처럼 인식되는 게 대한민국 의회다. 법조인은 물론 대학교수나 이익단체 대표자가 '전문성'이라는 라벨을 달고 의회에 들어온다. 직장에서의 40대와 달리 의회의 40대는 젊은 초년생이다.

　이런 '노쇠한' 국회를 정의당이 먼저 바꿀 수 있음을 정의당의 젊은 두 의원이 보여주고 있다. 물론 모든 행보가 퍼즐 맞추듯 마음에 딱딱 들어맞을 순 없다. 국회의원이라는 일도 좌충우돌하면서 성장하는 법이다. 나 역시 국회 입성

후 삐걱거릴 때가 종종 있었다. 사람은 완벽할 수 없다. 다선 의원들도 이리저리 부딪치고 실수하면서 더 나은 모습으로 성장하거나 혹은 깊은 나락으로 전락하지 않던가. 그런데도 언론을 비롯한 여러 시선들은 유독 류 의원과 장 의원이 실수하기만을 기다리는 것처럼 보인다.

류호정 의원은 어느 날 갑자기 나타난 청년이 아니다. 정당 활동과 노조 활동으로 정치의 꿈을 다졌다. 당대표 시절, 선거 유세나 일정을 이유로 성남을 방문할 때면 언제나 류 의원이 있었다. 국회의원에 당선되고 나를 찾아왔을 때도 재선 도전에 대한 꿈을 꾸며 성남을 지역구로 정해 바로 뿌리를 내리기 시작했다. 주말이면 '국회의원 류호정'이 쓰인 티셔츠를 입고 성남시 천변을 뛰며 주민들과 인사를 나눈다. 이런 노력이 당 안팎으로 부각되지 않아서 아쉽다.

장혜영 의원은 본인의 경험과 활동으로 확고한 철학을 쌓아온 사람이다. 의회 정치와는 거리가 먼 곳에 있었지만, 그의 활동은 우리 의회에서 용기 있게 대변해야 할 사람들의 목소리를 실어 나르는 역할을 한다. 차별금지법 제정에 보여준 열정은 이제 법안 추진이라는 큰 문턱을 넘고 있다.

나는 '청년정의당'을 대선 공약으로 내걸었다. 청년정의당은 내가 당대표 선거에 출마할 때부터 공약으로 내건 시스템이다. 지금 청년의 삶은 복잡하다. 기성세대가 겪었던 청년 시절과 너무 다르다. 청년들의 필요와 달라진 현실에 맞춰 정책을 설계하지 않으면 좋은 정책을 내놓고도 외면당할 수밖에 없다.

부동산 문제를 살펴보자. 이 나라에서 부동산 정책은 일반적으로 종합부동산세 같은 세금 사안이나 다주택자 규제 사안에 집중한다. 그러나 오늘날 청년들에게 부동산은 갖느냐 마느냐의 문제가 아니다. 청년들이 집을 산다는 것은 머나먼 이야기다. 불가능해 보이기까지 한다. 청년들은 '집'이 아니라 '방'을 기준 삼는다. '직방' '다방'이라는 애플리케이션이 왜 나왔는지 생각해야 한다. 지금 청년들은 원룸에서 살 수 있는지, 그걸 다시 쪼갠 고시원에서 살지를 걱정한다. 5만 원을 아껴 손바닥만 한 창문을 포기할지 말지를 고민한다. 노동, 인권, 복지…… 그 밖의 수많은 문제도 청년을 만나면 기성정치가 생각하는 것보다 훨씬 복잡한 양상이 펼쳐진다. 유럽의 정당들이 각자의 청년당을 따로 두는 이유다. 정의당은 이런 시대의 흐름을 빠르게 파악하고 청년정의당 창당을 적극 추진했다. 청년정의당 초대 대표인 강민진 대표는 출마의 변에서 다음과 같이 말했다.

　- 20년 전 또는 십수 년 전, 거대 양당으로는 도저히 안 되어서 '노동자 국회의원' 만들어보자는 선배들을 생각합니다. 아무것도 없는 불모지에서 여기까지 이 당을 만들어온 선배들의 각오와 결의가 단단하고 깊었듯이 지금 이 당에 내 삶과 미래를 걸겠다고 마음먹은 청년들의 결심의 무게도 가볍지 않습니다. 이 당에서 꽃길을 걷겠다며 정치하는 청년은 없습니다.

　비록 진창길이더라도 정의당의 청년당원들은 이 당에 삶과 미래를 걸겠다는 다짐으로 임하고 있다. 물론 해결해야 할 과제가 널려 있다. 청년 정치의 주인공인 '청년들'을 출발선에 세우는 데는 성공했다. 하지만 청년 정치가 우리 사회의 청년들을 대변하고, 청년들의 실질적인 지지를 받는 단계로 나아가지는 못했다. "청년정의당을 통해 우리의 목소리를 전달할 수 있다"는 믿음과 지지를 얻어야 한다. 정치인은 자신이 대변하고자 하는 사람들 속에 정확히 서 있을 때 오래 사랑받을 수 있다. 정의당 청년 정치인들이 오래오래 사랑받기를 진심으로 바란다. 정치를 가장 잘할 수 있는 사람은 내가 대변해야 하는 사람들의 삶을 가장 잘 아는 사람이다. 그 삶의 문제에 깊이 공감할 줄 아는 사람이다.

이준석의
공정 담론

원내교섭단체 30대 당대표가 나왔다. 이준석 국민의힘 대표는 이제까지 보여준 수구보수 세력의 낡은 문법과 태도를 벗어던지며 파문을 일으켰다. 30대 보수 정치지도자 출현은 세계적 추세다, 노무현 돌풍보다 강하다…… '이준석 현상'을 둘러싼 여러 의견이 쏟아졌다. 젊은 리더십의 출현은 반가운 일이다. 그러나 그의 당선 의미를 '공정론자의 승리'로 평가하는 것은 비약에 가깝다. 이 대표가 말하는 공정은 '자격을 갖춘 상태'를 전제하기 때문이다.

이 대표의 '공정' 담론은 철저한 시장 논리에 바탕을 둔다. '신선하다'는 평가를 받는 것은 그의 담론이라기보다 애티튜드의 영역이다. "박근혜 전 대통령을 존경하지만 탄핵은 정당했다”며 보수 세력의 핵심 기반인 대구에서 공개적으로 발언했다. 같은 날 ‘박정희 공항’을 세우자던 나경원 전 의원의 유신 향기와는 다른 언어를 꺼내들었다. 보수 우파 세력이 눈치 보느라 헤어 나오지 못한 지점을 뚫고 나온 것이다. 과연 그럴까. 그의 논리는 보수 정치인들의 전형적인 레토릭에 지나지 않다. 그저 대한민국 보수가 ‘근대화’되었을 뿐이다.

이 대표는 서울 목동 소재 중학교 재학 시절을 언급하며 ‘완벽히 공정한 경쟁’이라고 표현했다. 그러나 서울, 그중에서도 대치동이나 목동에서 공부한다는 것이 어떤 조건과 환경을 의미하는지 모르는 사람은 없다. 그의 주장은 “부모의 돈도 실력”이라던 정유라의 또 다른 버전이다.

이 대표는 개인 능력을 강조하고, 그것만이 공정이라 말한다. 하지만 그 점이 바로 ‘이준석식 능력주의’의 최대 결함이다. 개인의 특성, 환경, 사회 구조를 고려하지 않은 채 우연과 행운으로 차지한 기득권을 공정한 출발이라고 할 수 있을까. 이준석식 능력주의와 공정 담론은 불평등한 사회 구조를 가리고, 치열한 경쟁 체제에서 살아남기 위해 사투를 벌이는 청년들에게 결과적 평등의 지향을 부정하게 만든다는 점에서 더욱 우려스럽다.

평등을 전제하지 않는 공정은 허구다. 시장에서 가격을 매기는 것을 공정으로 바라보는 태도부터 바꿔야 한다. 나는 다르다. 나에게 공정이란 이 땅의 청년들이 '영끌'과 '빚투'를 인생의 '계획'으로 세우지 않게 하는 것이다. 성별과 장애를 이유로 도전조차 거부당하는 제도가 사라지게 하는 것이다. 지옥고(지하방, 옥탑방, 고시원)와 방 쪼개기라는 '홈리스'에 가까운 환경에서 사는 청년이 없게 하는 것이다. "정의로운 사회는 사람들이 전 생애에 걸쳐 최대한 많이 행복한 삶을 누리기 위한 조건에 다가갈 동등한 접근권을 지녀야 한다"고 주장한 사회학자 에릭 올린 라이트[2]의 말을 떠올린다.

물론 민주당은 다를 것이다. 그들에게 이준석이 몰고 온 변화한 맥락은 위협이다. 그동안 민주당이 국민의힘에 비

---

[2]

에릭 올린 라이트(Erik Olin Wright). 사회학자, 마르크스주의자. 미국 캘리포니아 주 버클리에서 태어나 하버드 대학교를 졸업했다. 1976년 캘리포니아 주립대학교 버클리 캠퍼스에서 사회학 박사 학위를 받은 뒤, 위스콘신 주립대학교 매디슨 캠퍼스에서 22년 동안 사회학을 가르쳤다. 마르크스주의 계급 분석 분야에서 세계적 권위자로 인정받았고, 2012년에 미국사회학회 회장을 맡았다. 분석마르크스주의 세미나 그룹과 《뉴레프트 리뷰(New Left Review)》에서 활동하면서 계급 분석의 새로운 패러다임을 만들어내고, '현실적 유토피아 프로젝트(Real Utopia Project)'를 이끌며 대안적 정치경제 체제를 연구했다. 2019년 1월 13일, 급성 골수성 백혈병으로 숨을 거두는 순간까지 낙관주의자이자 현실적인 유토피아주의자였다. 『계급론』 『21세기를 살아가는 반자본주의자를 위한 안내서』 등의 저서가 있다.

해 '진보적'으로 여겨졌던 것은 역사관과 이념적 스펙트럼 덕분이었다. 그러나 이준석으로 인해 진보와 보수의 경계를 가르는 역사관과 수구보수의 이념적 스펙트럼이 사라지면 두 당은 시장 체제를 둘러싼 경제 영역에서 맞붙게 된다. 그 순간, 많은 국민들은 민주당과 국민의힘의 정책이 별다른 차이가 없음을 알게 될 것이다. 실제로 지금도 정부와 민주당의 경제·부동산 정책은 국민의힘의 것과 데칼코마니처럼 닮았다. 얼마 전, 민주당은 부자들의 종부세가 130만 원이나 올랐다며 이를 깎아주었다. 그러나 130만 원 종부세가 오르는 동안 집값이 3억 원 넘게 올랐다는 사실에는 눈을 감는다. 집값이 오르는데 세금을 깎아주는 역주행 신호는 '버티면 이긴다'는 부동산 부자들에게 큰 확신을 안겼다. 현 정부가 집값을 잡겠다는 소리가 '양치기 소년'의 반복되는 거짓말로 취급당하는 이유다.

송영길 민주당 대표는 첫 국회 교섭단체 대표 연설에서 '소형모듈원전Small Modular Reactor·SMR'이 북한을 포함한 외국에서 유용한 에너지원이 될 수 있다며, 인공태양 기술을 바탕으로 2050년 이후 핵융합발전 상용화에 나서야 한다고 주장했다. '탈원전'을 선언한 정부의 집권여당 대표가 탈원전 정책에 반기를 든 꼴이다. 국민의힘과 원전론자들은 속으로 쾌재를 불렀을 것이다. 이런데도 두 당이 다르다고 할 수 있을까.

당대표 시절, 내가 시민들에게 가장 많이 들었던 말은 '민주당이 보수가 되고, 정의당이 진보가 되는 사회가 될 때 우리 사회가 정상적으로 굴러갈 수 있다'는 것이었다. 처음에는 이 말을 당연하다고 여겼다. 그러나 이 말에는 국민의힘이라는 수구보수 세력을 완전히 정치 바깥으로 밀어내야 가능하다는 속내가 담겨 있다. 그때까지 민주당의 힘을 더 키워야 한다는 뜻이다. 민주당은 180석의 거대 의석을 지니고 있다. 지방자치단체 및 지방의회는 거의 1당 독점에 가깝다. 의회와 행정기관을 싹쓸이한 상황에서 민주주의가 가능할까. 민주당을 키워서 국민의힘을 밀어내야 한다, 그리하여 민주당이 보수의 자리로 재정렬되어야 한다는 주장을 이렇게 고쳐 말하고 싶다.

— 이제 보수의 중원을 누가 차지할까를 놓고 민주당과 국민의힘의 본격 경쟁이 시작되었다. 지금이야말로 정의당은 진정한 우리 사회의 진보가 되기 위해 실력을 길러야 한다. 시대정신을 구현할 수 있는 정의당만의 정치, 대안정치를 만들어 집권의 시대를 향해 다시 힘을 내야 한다.

3

청년정의당의
길

촛불혁명 때 긴 겨울을 함께했던 사람들을 떠올려본다. 청년들에게 정치는 촛불 이전과 달라졌을까? 절대로 아닐 것이다. 2020년 4월 15일에 치러진 제21대 국회의원선거의 투표율은 66.2퍼센트(투표자 29,126,396명)였다. 39세 이하 청년 유권자 비율은 34퍼센트 정도였는데, 실제 2030 청년 의원은 겨우 4퍼센트를 넘기는 데 그쳤다. 나머지 의석은 40세 이상, 특히 586 정치인들이 대부분의 자리를 꿰찼다. 21대 국회의원 가운데 60대 의원은 174명이라고 한다. 헌정사에 유례없는 압도적 비율이다. 나는 감히 말할 수 있다. 청소년의 정치를 박정희 정권이 막았다면, 청년의 정치는 586 정치인들의 기득권 사수와 국회 독식이 막고 있다고.

기성세대의 공고한 틀을 부수고 청년의 자리를 만들어야 한다. 그 출발은 '청년정의당'이다. 내가 당대표 선거에 도전할 때부터 공약으로 내건 청년정의당 창당이 험난한 길을 거쳐 이제야 결실을 맺었다. '청년발전 기본계획'부터 시작한 창당 과정은 어느 하나 쉬운 일이 없었다. 우선 당내의 불확실한 시선을 설득해야 했다. 이미 청년 의제를 다루고 있는 정의당이 '굳이' 청년정의당까지 창당할 필요가 있을까 의심하는 당원도 많았다. 그들을 먼저 설득할 수 없었다면 창당은 불가능했다.

그동안 한국 정치에서 청년은 액세서리에 지나지 않았다. 나는 청년을 티슈처럼 일회용으로 소비하는 현실이 불편했다. '우리는 청년을 위해 힘쓰는 당'이라고 홍보해놓고 정작 청년들에게 발언할 연단을 내주지 않는 장면을 얼마나 많이 보아왔나. 청년 정치에 '나중에'는 없다. 정책도, 사업도, 교육도 청년들이 독립성을 가지고 직접 책임져야 한다. 그래야 다가올 지방선거에서 '보통 청년의 정치적 도전'이 쏟아질 것이다.

코로나와 무더위 속에서 지쳐 있던 국민들에게 한 줄기 시원한 바람이 되어준 2020 도쿄올림픽에서 나는 의미

있는 '대전환'을 목격했다. 연신 "코리아 파이팅"을 외치던 양궁 김제덕 선수, 양궁 3관왕에 빛나는 '숏컷' 안산 선수, 남자 높이뛰기에서 한국신기록(2미터 35센티미터)을 세우며 4위를 차지한 우상혁 선수…… 한국의 젊은 국가대표들은 확실히 달랐다. 성적 앞에서 주눅 들지 않고 경기를 '즐기는' 그들의 모습에 나는 신선함을 넘어 충격을 받았다. 시대는, 세상은 이렇게 달라지고 있다.

그런데 유독 정치만큼은 젊은 진보가 축적되지 않고 있다. 그건 진보 정당도 마찬가지여서 현실론이라는 이름으로 보수화되지는 않았는가 물어본다. 진보정당이 먼저 움직여야 한다. 현실에 안주한 기성세대를 따끔하게 혼내고, 보다 진보적인 길을 알려줄 젊은 진보에게 많은 자리를 양보해야 한다.

30-40대 총리와 대통령이 배출되는 세상이다. 유소년 시절부터 정당 안에서 '참여'와 '민주주의'를 배우고, 청년 시절부터 정치인으로 성장할 수 있는 정당 프로그램을 밟아온 젊은 정치인들이 세계를 이끌고 있다. 정의당이라고 못할 것 없다. 아니, 정의당이라서 가능하다. 실제로 청년정의당은 많은 청년들과 연대하고 있다. 대학원생 노조, 코로나19로

실직한 청년, 거주 난을 겪는 청년 등 그동안 정의당이 미처 닿지 못했던 청년들을 청년정의당이 직접 만나고 있다.

청년정의당이 풀어야 하는 숙제도 산적해 있다. 첫째, 청년정당 네트워크로 정치 질서를 바꿔야 한다. 기성 정치의 공고한 틀을 부수려면 청년정의당만으로는 부족하다. 같은 의제를 공유하고 있다면 정당 간의 경계를 고려하지 않고 네트워킹을 추구하는 방향을 생각해야 한다.

둘째, 청년정의당 구성원 모두가 '조직원'이 되어 청년들과 관계를 맺어야 한다. 기후 위기를 극복하기 위해 싸우는 청년들, 불안정한 플랫폼 노동에 시달리는 청년노동자들 속으로 뛰어 들어가야 한다. 유럽의 'Fridays for Future'처럼 우리나라에도 청소년을 중심으로 기후 위기 대응 조직이 속속 만들어지고 있다. 청년정의당이 '기후 위기 청년네트워크'를 만들어 전 세계 청년들과 연대하기를 바란다. 동시에 다양한 청년 노동 조직과 유니온 결성을 주도하면서 대중운동의 중심에 청년정의당 당원들이 스며들어야 한다. 그래서 청년들이 "우리의 노동 환경을 바꾸려면 청년정의당을 찾아가야 한다"고 인식할 수 있는 조직이 되어야 한다.

마지막으로 동네로 들어가야 한다. 청년정의당은 풀뿌리에서 시작되어야 한다. 세상은 상층부에서 표면적으로 다루는 정보로 체득하는 데 그쳐서는 안 된다. 세상 속으로 들어가 걸어 다니며 깨달아야 한다. 시대가 바뀌어도 변하지 않는 정치 원리다. 청년정의당이라고 해서 청년만 만나서도 안 된다. 우리 사회를 이루는 다양한 사람들을 만나고, 그들이 건네주는 아이디어로 탄탄한 청년 정책을 짜야 한다. 다양한 주민자치 속에서 정의당 청년 당원들이 모이고, 그들로 인해 지역위원회가 힘을 얻기를 바란다.

청년 정치는 바둑알 몇 알을 튕겨서 단숨에 승부를 겨루는 알까기가 아니다. 한 점 한 점 쌓아 마지막 신의 한 수를 두는 바둑이다. 청년정의당은 힘겹게 만들어져 오늘에 이르렀다. 시작이 반이다. 200수, 300수 정성스럽게 집을 쌓아가는 청년 정치의 신기원이 되기를 진심으로 소망한다.

청년당과
기후 위기

4

당대표 시절 청년 정치인을 육성하기 위해 '진보정치 4.0 아카데미'를 시작했다. 35세 이하 청년 수강생을 대상으로 노동·젠더·경제·인권 등의 주제로 4학기 운영을 마무리하면서 우리는 독일로 정치 연수를 떠났다. 2019년 5월, 독일의 여러 청년당을 방문했다.

그해 독일의 봄은 이상 기후로 폭염이 이어지고 있었다. 그래서일까. 유럽은 2019년부터 기후 위기의 심각성을 깨닫고 정부와 국민들이 대책을 논의하고 있었다. 특히 청소년을 중심으로 'Fridays for Future'라는 시위가 진행되고 있었다. Fridays for Future는 점점 심각해지는 기후 위기에 맞서 청소년을 중심으로 금요일마다 산업부 청사 앞에서 여는 집회다. 우리도 행사에 참여할 수 있었는데, 여덟 살 소년이 커다란 종이에 "우리의 미래를 지키자"고 서툴게 적어 양팔을 뻗어 서 있는 광경을 바라보았다. 이렇듯 유럽에서는 이미 제2, 제3의 그레타 툰베리가 정치에 참여하고 있었다. 청소년들이 기성 정치인과 기업가를 향해 자신들의 목소리로 미래를 책임지라고 강력히 싸우고 있었다. 독일의 청년당에 가입한 청소년도 제법 많았다. 독일의 정당은 14세가 되면 부모의 동의를 구하고 정당 내 청년당에 입당할 수 있다. 일반 당원과 같은 권리와 의무를 갖는 것은 물론이다.

우리는 사회민주당, 기독교민주당, 좌파당, 녹색당 등 4개 정당 청년 대표들을 차례로 만났다. 대표자들은 모두 20대 청년이었다. 그들은 우리와의 만남에서 청년당이 중앙당과 철저히 독립된 조직임을 강조했다. 그중에서도 오랜 집권 경험을 가진 사회민주당의 청년 조직은 중앙당이 본래의 색깔을 잃어버렸다며 강하게 비판했다. 슈뢰더 전 총리의 '하르츠 개혁[3]'이 임시 일자리만 양산했을 뿐 본질을 외면했고,

---

[3] 게르하르트 슈뢰더 총리 때인 2002년 2월 구성된 하르츠위원회가 제시한 4단계 노동시장 개혁 방안. 당시 심각한 실업률을 감축시키기 위해 임시직 고용을 증진하기 위한 규제 완화, 소규모 소득의 일자리 창출 등을 추진해 독일이 부강해지는 데 성공했지만 삶의 질은 악화돼 '인기 없는 성공'으로 불린다.

이주민 문제에 대해 적극적인 수용 정책을 내놓지 않았다며 비판해 우리를 놀라게 했다. 그는 중앙당과 다른 표결도 보장된다는 말도 잊지 않았다.

보수 정당인 기독교민주당의 청년당도 저작법과 관련해서 중앙당 연방의원과 다른 의견을 갖고 있었다. 기후 위기와 관련해서도 기민당이 제대로 대응하지 못함으로써 녹색당에 젊은 유권자를 뺏기고 있다며 비판했다. 기후 위기만큼은 기민당 청년당도 적극적으로 대응하고 있다면서 Fridays for Future에 정당 경계를 뛰어넘어 연대하고 있다고 말했다. 자기 세대의 당면한 문제를 청년당 네트워크로 해결하는 그들을 보며 그저 부러울 따름이었다.

좌파당과 녹색당의 청년 대표들에게서는 청년의 일상적인 삶과 정치가 어떻게 결합되어 있는지를 생생하게 느낄 수 있었다. 좌파당 청년당의 여성 대변인은 독일의 정치 상황과 세계 정치의 변화에 대해 거침없이 견해를 풀어놓았다. 그중에서도 "직업정치인으로서의 꿈을 가지고 있는가"라는 질문에 대한 그의 대답이 잊히지 않는다.

- 저는 지금도 정당 활동을 하는 정치인입니다. 저의 진정

한 꿈은 의회에 들어가는 거예요. 그러기 위해서는 일단 학교를 졸업해야겠죠. 단계적으로 계획을 밟아나가겠지만 미래는 알수 없어서 장담할 수 없어요. 그러나 나는 이미 정치인이에요.

녹색당 청년당의 대표는 8명으로 이루어져 있는데, 우리는 법학을 전공하는 스무 살 대학생 당대표를 만났다. 이미 녹색당은 안나 뤼어만이라는 세계 최연소(19세) 연방의회 국회의원을 배출한 바 있다. 베를린의 더운 날씨와 기후위기를 주제로 한 시간을 열정적으로 이야기하던 그는 오후 6시부터 학교 수업이 있다며 당의 관계자에게 다음 일정을 부탁하고 자전거를 타고 유유히 사라졌다. 기후 위기 집회에서 자전거를 활용해 스피커를 설치한 모습처럼 일상에서도 환경을 생각하고 있었다.

독일 청년당은 저마다 입장은 달랐지만 독립된 기구로서의 위상을 지닌다는 공통점을 갖고 있었다. 비록 정파는 달랐지만 기후 위기에 매우 진지한 자세로 접근하고 있다는 점도 비슷하다. 우리는 어떤가. 한국 정치에서 기후 위기는 어느 지점에 있을까. 거대 양당의 대권주자들은 기후 위기에 어떤 입장을 갖고 있는가? 그들이 정말로 기후 위기의 심각성을 체감하고 있을까? 엄청난 대홍수가 지구촌 대도시를 덮치고, 사상 최악의 폭염을 보내는 지금 시민들은 점점 기후 위기에 민감해지고 있다. 정작 정치만이 기후 위기와 환경에 대한 감수성이 제로다.

소형모듈원전을 주장하며 '탈원전 무효화'에 스스로 불을 당겼던 송영길 민주당 대표는 같은 날 "2050년까지 지구의 평균 온도를 지금보다 1.5℃ 낮추지 못하면 인류 문명은 파국을 맞는다"라고 경고했다. 기후 위기에 대한 문해력이 의심스럽다. 2018년, 내가 살고 있는 인천 송도국제도시에서 매우 중요한 국제회의가 있었다. 기후 변화에 관한 정부간 협의체IPCC, Intergovernmental Panel on Climate Change 48차 총회를 통해 '지구온난화 1.5℃ 특별보고서'를 채택한 것이다. 온난화로 인한 피해를 방지하기 위해서는 지구 기온 상승을 산업혁명 시기와 비교해 1.5℃로 제한해야 하고, 이를 위해 2030년까지 전 세계 온실가스 배출량을 2010년 대비 45퍼센트 줄여야 한다는 권고가 나왔다. 우리의 목표를 2℃에서 1.5℃로 조정해도 해수면 상승으로 인해 발생할 사망자 천만 명을 살릴 수 있다고 보고서는 말하고 있다.

정부는 '그린 워싱'[4]을 멈춰야 한다. 2021년 4월 지구의 날, 전 세계 40개국 정상이 모인 기후정상회의에서 각국

정상들은 기존 온실가스 감축 계획보다 진전된 방안을 제출했다. 그러나 문재인 대통령은 구체적인 온실가스 감축 계획을 발표하지 않았다. 당시 회의의 주요 의제는 '2030년 감축 목표' 설정이었고, 향후 10년이 매우 중요하다고 여러 번 강조됐지만 대한민국은 '올해 안에 상향하겠다'라는 기존 입장만 되풀이했다. 현재 우리나라는 유엔기후변화협약이 선정하는 '어떤 행동도 하지 않는' 75개 국가에 포함된 상태다. 구체적 계획도 없이 '2050 탄소중립' 선언만 되풀이하고 있다.

프랑스는 자국 내 기차로 닿을 수 있는 지역에는 비행기 이동을 금지시켰다. 당연히 반대하는 목소리가 터져 나왔지만 국가가 나서서 규제하지 않으면 기후 위기 문제는 해결되기 어렵다는 공감대가 높아지고 있다. 그런데도 대한민국은 기후 위기 대응을 소비자 몫에 무게를 두고 있다. 환경을 논할 때마다 등장하는 '플라스틱 프리'도 소비 단계 이전에 생산과 유통 과정을 책임지는 기업의 몫이 훨씬 크고 중요하다는 사실을 모른 체한다.

---

④————

greenwashing. 실제로는 친환경적이지 않지만 마치 친환경적인 것처럼 홍보하는 위장 환경주의.

플라스틱 빨대는 해양 오염의 0.03퍼센트 수준에 지나지 않다고 한다. 우리의 바다를 오염시키는 플라스틱의 50퍼센트 이상은 어업 활동에서 버려지는 폐기물과 산업폐기물이다. 제조사, 유통 업체 등 기업의 주요 책임자가 먼저 문제를 해결해야 기후 위기는 해소될 수 있다. 정치는 제도와 시스템으로 기후 위기를 통제해야 한다. 기후 악당에서 어떻게 벗어날 것인지, 환경을 위한 구체적 프로세스는 어떻게 세울 것인지 시급히 논의해야 한다.

기후 위기는 인간 문명에 대한 과신과 교만이 낳은 산물이다. 일부에서는 과학기술의 힘으로 위기를 극복할 수 있다는 믿음을 설파한다. 엄청난 예산을 투입하여 지구공학자와 기업들만 살찌우고 있다. 영국의 일부 과학기술자들은 지구온난화를 막기 위해 인위적인 이산화황 폭발로 지구 표면에 태양광을 차단하는 방법을 검토했다. 이산화황의 막이 자칫 뚫리기라도 한다면 상공에 쌓여 있던 엄청난 열이 지구를 뒤덮는 재앙이 닥칠 것이라는 경고가 나왔다. 우리나라에서도 중국으로부터 유입되는 미세먼지를 차단하기 위해 서해 상공에 인공강우를 내리게 하자는 주장이 나왔다. 미세먼지를 줄이는 데 상당한 효과가 증명된 '도시 숲' 추진 사업은 중앙정부의 예산 지원이 없어서 장기미집행으로 사업 추진이 어려운 상황인데 인공강우에 수조 원을 쏟아 붓겠다는 것이다. 환경의 대역습은 자연의 순리를 거스른 '개발'이 주범이라는 사실을 잊은 모습에 고개를 떨구게 된다.

이제 선언의 시기는 지났다. 구체적인 행동 계획이 나와야 한다. 지금 당장 지구를 살리기 위해 실천하는 대통령이 요구된다. 내 가족과 이웃과 생명을 살릴 수 있는 대통령이 필요하다.

청년,
이정미 정치의
출발점

오랫동안 한국 정치는 청년들의 당면 과제를 진지하게
다루지 못했다. 아니 다루지 않았다. '대의'니 '정권 교체'니
정당의 수명 연장에만 힘을 쏟는 동안 청년들은 부모보다 가
난한 세대가 되어버렸다. 미안하다, 힘내라…… 청년들은 입
에 발린 기성세대의 위로와 응원을 거부한다. 하지만 세상은
여전히 부모 세대처럼 열심히 이 악물고 일해서 한 푼이라도
더 모아서 더 나은 삶을 꿈꾸지 않는다고 청년을 타박한다.
"일주일에 120시간이라도 바짝 일하고 이후에 마음껏 쉴 수
있어야 한다"는 윤석열 전 검찰총장의 '주 120시간' 발언은
화룡점정이다. 부모 세대는 근검절약과 성실에 마땅한 대가
가 주어졌다. 열심히 저축하면 차도 사고 집도 살 수 있었다.
그런데 지금의 청년들은 천년만년 돈을 모아도 집을 장만하

기는커녕 기본적인 의식주를 영위하는 것조차 버겁다.

제20대 국회의원들의 평균 나이는 55.5세였다. 20대 의원을 통틀어 2030세대 국회의원은 단 3명뿐이었다. 제21대 국회에 들어서 정의당 청년 의원을 포함해 14명으로 늘어났다. 대통령은 시정연설에서 청년 의원이 획기적으로 많아졌다고 기대를 표명했지만 말로만 기뻐할 일이 아니다. 인구의 3분의 1이 넘는 청년 세대를 단 14명이 대변한다는 건 우리 정치가 청년에게 얼마나 야박한지를 보여주는 증거다. 정치는 더 젊어져야 한다. 많은 청년들이 정치의 세계 속으로 자신의 문제를 가지고 들어와 서로 소통하고 논쟁하고 싸우게 해야 한다. 그래야 세상이 바뀐다.

나는 청소년 시절부터 정치를 해야 한다고 주장한다. 대한민국은 지난 총선에서야 비로소 18세 청소년 선거권을 인정했다. 아니다. 연령을 더 낮춰야 한다. 교육의 주체는 학생, 교사, 학부모라고 가르치면서 교육 현장의 문제를 책임질 권한을 위임하는 교육감 선거는 왜 학생들에게 투표권을 주지 않는가. 유소년 시절의 정치 경험은 민주시민으로 자라날 역량을 좌우한다. 열린 사고로 수많은 정치 현상을 해석하고, 그 경험을 통해 가치관을 촘촘하고 단단하게 다질 수 있다. 만약 정치인으로 성장하고 싶다면 유럽처럼 '10대 당원 → 20대 의원 → 30대 장관 → 40대 대통령'으로 이어지게 토양을 닦아야 한다. 청소년의 다양한 목소리가 정당으로 흘러 들어올 때 엘리트가 지배해온 한국 정당의 구조적인 문제가 해결될 수 있다.

청년의 문제는 청년에게 맡겨야 한다. 청년들과 다른 삶을 살아온 기성세대는 청년을 온전히 '이해'할 수 없다. 지금의 기성세대도 청년 시절 부모세대와 갈등하지 않았던가. 청년세대와 기성세대가 국회에서 서로의 목소리를 부딪치며 치열하게 다투는 건 당연한 일이다. 변화를 꿈꾸는 청년들이 정치권으로 밀려들어와 기성 정치인과 제대로 경쟁할 때 우리 정치도 발전할 것이다.

2016년 미국 대선에서 버니 샌더스가 캠프에 영입한 인물이 있다. 알렉산드리아 오카시오코르테스다. 1989년생인 오카시오는 바텐더로 일하다 샌더스 캠프에 함께하며 정치에 뛰어들었다. 바이든 대통령 후보 시절, 바이든 지명 행사나 다름없는 전당대회에서 오카시오는 다음과 같이 말했다.

– 미국인 수백만 명이 대량 실업, 미진한 보건 서비스와

관련한 위기에서 근본적인 구조적 해결책을 찾고 있는 이 시기, 나는 샌더스 의원을 미국 대통령 후보로 재청한다.

샌더스는 이미 몇 개월 전 대통령 후보 경선에서 하차한 상태였다. 그럼에도 오카시오가 샌더스를 언급한 건 하나의 경고장이었다. 민주당 내 극좌파 정치인들은 결코 포기하지 않았다고, 바이든 당신을 두 눈 부릅뜨고 지켜보고 있으니 긴장하라는 뜻이었다. 오카시오와 샌더스, 두 사람이 상당한 나이 차에도 불구하고 함께할 수 있었던 것은 거대하고도 약탈적인 자본 질서에 맞서 인간의 행복을 위한 체제 전환을 꿈꾸는 일을 포기하지 않았기 때문이다. 그래서일까. 바이든은 이후 오카시오에게 캠프 기후 정책을 맡겼다.

오카시오라는 젊은 정치인의 부상은 미국 정치에서도 이른바 밀레니얼 세대가 주요한 기준이 되었음을 보여준다. 어느 언론 기사에서 지적한 것처럼 "인터넷이라는 풍요의 화수분 속에서 자란 사람들, 150개의 케이블 채널과 성적 정체성을 분류하는 50가지 방법, 그리고 31가지 종류의 아이스크림에 익숙한"[5] 그들이 민주당과 공화당, 두 개의 정당

[5] 장덕진의 정치시평, 'MZ세대 권력의 본질', 경향신문, 2021년 7월 13일

에 만족할 수 있겠는가라는 물음이다.

우리나라에서도 밀레니얼 세대를 둘러싼 분석과 논쟁이 한창이다. '이대남'은 정치적으로 보수, 밀레니얼 여성은 진보라고 이분법화한다. 과연 그럴까. 장덕진 서울대 사회학과 교수는 "고령층의 보수는 '니들이 공산주의를 겪어봤어? 니들이 가난을 알아?'라는 삶의 경험"에 뿌리를 두고, "이대남의 보수는 '니들이 경쟁을 알아?'라는 삶의 경험"에 뿌리를 둔 것으로 분석한다. 일견 비슷해 보이지만 둘의 보수는 확연히 다르다는 것이다. 지금 밀레니얼 세대는 베이비 부머와 그 앞세대에게 산업화를 내주고, 86세대에게 민주화를 선점당했다. 하지만 장 교수의 의견처럼 그들은 단군 이래 최고의 교육과 문화자본을 가진 세대다. 그들의 정체성은 '문화'에 있다. "문화가 곧 정치"라는 장 교수의 의견에 밑줄을 긋는다. 이런 그들에게 민주화 담론의 부산물인 과도한 정치적 올바름을 내건 게 아니었는지 돌아본다.

31세의 민주당 재선 하원의원 알렉산드리아 오카시오 코르테스. 뉴욕 브롱크스에서 푸에르토리코계 3세로 태어나 어려운 형편을 딛고 보스턴대학교에서 국제관계와 경제학을 전공한 청년. 2008년 금융위기 직전에 아버지가 사망해서 대학 졸업 후 생계에 허덕이는 어머니 곁으로 돌아가 웨이트리스와 바텐더로 일해야 했던 인물. 이런 그에게 삶의 새로운 디딤돌을 딛게 해준 건 버니 샌더스라는 '다른' 기성 정치인이었다. 2016년 민주당 경선에서 버니 샌더스는 그를 조직 관리자로 이름을 알리게 해주었다. 2년 후, 2018년 29세의 오카시오코르테스는 민주당 경선에서 10선의 조셉 크롤리를 누르고 본선에서 공화당의 앤서니 파파스를 따돌리며 의회에 입성했다.

한국의 밀레니얼은 2017년 문재인 후보에게 압도적인 지지를 보여주었다. 하지만 지금 그들은 자신들의 선택을 후회하고 있다. 이유는 하나. 자신들과의 '약속'을 지키지 않았기 때문이다. '조국 사태'로 상징되는, 정치적 올바름을 내세우며 내 눈의 들보를 보지 못하는 기성세대를 청년들은 '극혐'하고 있다. 일부에서는 청년들은 단순히 '스윙보터'[6]로 간주한다. 오만한 생각이다. 이제 청년들은 자신들을 진지하게 위하는 정치인에게 표를 던지고 있다. 한국의 이준석과 미국의 오카시오코르테스가 대표적이다. 나는 이 청년 정치

[6] ─────

swing voter. 선거 등의 투표행위에서 누구에게 투표할지 결정하지 못한 이들을 가리키는 말. 지지하는 정당과 정치인이 없기 때문에 그때그때의 정치 상황과 이슈에 따라 투표한다.

의 물결에 장혜영, 류호정 의원이 합류할 거라고 믿는다.

아직도 많은 것들이 바뀌어야 하는 대한민국. 기성세대가 여전히 고집부리는 시대의 유산을 기억하고 경험한 이정미라는 정치인이 할 일은 정해져 있다. 나에게 주어진 이 '정치의 시간' 동안 기성세대를 청산하고 청년세대를 '잇는' 시대정신을 실천하는 정치인. 무엇보다 이정미라는 정치인은 기성세대 체제에 정면으로 맞선 '시간'을 자산으로 삼고 있다. 이정미의 '정치하는 마음'이 청년시대들에게 어떻게 전달해야 할까. 지금 나의 정치적 실천의 출발은 여기에 있다.

나는 대한민국 정치에 '변화'를 꿈꾸는 중년이다. 끝없이 긴장하고 청년 정치인들과 경쟁하며 내일을 꿈꾸는 노년 정치인으로 나이 들어 갈 것이다. 때론 청년들에게 함께 세상을 바꿔보자며 무대를 내어주고 "더 나은, 다른 세상은 가능하다"고 외치며 늙고 싶다.

대한민국 의회는 변호사를 비롯한 법조계 출신 국회의원이 가장 많다. 지난 20대 국회에는 300명 의원 중에 법조인 출신 국회의원이 49명이나 되었다. 의회가 법을 다루는 곳이기 때문에 법률가 출신이 유리할까? 전혀 아니다. 막스

베버는 『행정의 공개성과 정치 지도자의 선출』에서 의회에 법률가 출신이 많은 이유에 대해 "변호사들은 정치할 시간을 스스로 조절할 수 있는 직업이기 때문"이라고 말했다.

국회의원들의 입법 과정에서 가장 중요한 능력 중 하나는 자신이 대변하는 사람들이 누구인지를 분명히 하고, 그들과의 공감대를 형성하는 것이다. 자신이 대변하는 사람들의 대의원으로서 그들의 이해관계에 부합하는 입법 활동을 하고, 이해관계에 반하는 세력을 설득하는 일을 하는 게 국회의원이다. 그렇기에 국회의원에게 필요한 덕목은 법률 지식이나 전문성 전에 '공감 능력'이 최우선이다. 좋은 의원들은 자신이 대변하고자 하는 사람들이 어떤 제도와 시스템 미비로 고통을 겪고 있는지를 한 번에 알아차릴 수 있다. 또래 공감에 탁월한 청년 정치인이 우리에게 필요한 이유다.

'정치를 하고 싶다'는 청년들은 응원하면서 정작 '국회의원이 되고 싶다'는 청년들에겐 '출세를 탐한다'라고 낙인찍는 이율배반적인 문화를 극복해야 한다. 청년 정치인은 우리가 생각하지 못했던 영역으로 정치를 이끌고, 우리가 준비하지 못했던 언어로 세상에 파문을 일으킨다. 물론 어떤 이의 글처럼 "언제나 젊은이들이 옳다"는 생각은 오히려 청년

정치를 납작하게 만든다. 청년 개개인의 삶도 중년 개개인의 삶처럼 우여곡절이 있다. 스스로 옳지 않다고 판단할 때가 있고 그릇된 선택을 할 때도 있다. 씨실과 날실로 엮인 기성세대와 청년세대의 촘촘한 서사를 모두 밀어내버리면 불필요한 세대 갈등만 자아낼 뿐이다. 그 갈등의 진원지를 살피는 일, 그리하여 그 갈등의 해법을 궁구하는 일. 이정미의 일은 여기에 있다.

작은 사고를 철저히 방지할 수 있는
'안전한' 사회적 시스템을 다져야 한다.
취약 계층이 어떠한 차별과 불편을 느끼지 않도록
세심히 살펴야 한다. 정의당이 해야 할 일은
너무도 많다.

외로움,
진보
정치의
과제

3장

내가 만약
외로울 때면
누가 위로해주지?

제20대 대통령 선거가 다가오고 있다. 코로나 사태로 자영업자를 비롯한 많은 이들의 삶이 직격탄을 맞으면서 복지 논쟁도 다시 뜨거워지고 있다. 코로나 상황이 심각해질 때마다 보편이냐 선별이냐, 어디까지 얼마나 주어야 하는가로 국회와 정부는 날을 세운 논쟁을 한다. 불평등 사회, 디지털 기술로 인한 일자리 문제…… 이러한 문제를 해결하기 위해 전 국민에게 월 4만 원씩부터 기본소득을 지급하자는 주장을 둘러싼 논쟁도 뜨겁다. 언제나 그렇듯이 이유는 '현실론'이다.

중요한 건 이런 논쟁이 정치 담장 밖에 있는 사람들에게는 와 닿지 않는다는 점이다. 전 국민 20만 원이든, 80퍼센트 25만 원이든 당장 일자리에서 밀려나고 가게 문을 닫아야 하는 사람들에게 어떤 차이가 있을지 모르겠다. 한 연예인의 말처럼 '없는 거보다는 나아'라고 말해야 하나. 극단적인 위기 앞에 정치가 우리 삶을 바꿔줄 것이라는 믿음은 갈수록 희미해져 간다.

시민과 가장 가까이 있어야 할 진보 정치는 시민들과의 거리를 얼마나 좁히고 있나. 정치, 특히 진보 정치는 이전의 관성으로 사회구조를 보아서는 안 된다. 진보 정치의 대의 너머 시민 한 사람 한 사람의 삶과 관계에 관심을 기울여야 한다. 평범한 서민과 중산층 개개인이 일상과 삶에서 느끼는 어려움과 고민, 바람에 대해 더 가깝게 반응해야 한다. 지금 한국 정치의 가장 큰 문제는 시민의 일상으로부터 너무 멀어져버린 것이다. '기득권 편향의 정치'란 시민으로부터 멀어져 갔음을 뜻한다.

현대 사회에서 '개인'이 느끼는 가장 큰 어려움은 무엇일까. 무엇이 해결되어야 '나의 삶이 그나마 나아졌다'고 생각할 수 있을까. 나는 그 해답을 '외로움'에서 찾는다. 외로움은 특정 소수가 겪는 문제도, 개인의 단순한 감정도 아니다. 학교에서 외톨이가 된 학생, 어느 누구의 도움도 받지 못한 채 아이를 키우는 양육자, 홀로 쓸쓸히 죽음을 기다리는 노인 등, 그 삶의 배경과 연령에 상관없이 모든 사람들이 겪고 있는 문제다. 현대인의 외로움은 좀 더 넓은 범위에서 생각해야 한다. 사회적 관계의 양이나 질이 원하는 만큼 충족되지 않는 상태, 그럴 때 느끼는 결핍과 상실의 감정이 외로움이다. 외로움은 개인을 넘어 사회 전체의 문제로까지 환원될 위험이 크다.

영국 사례를 살펴본다. 영국은 오래전부터 외로움에 대한 심도 깊은 논의를 진행하고 있다. 외로움을 적극적으로 나서서 해결해야 하는 사회 문제로 인식하고, 트레이시 크라우치Tracey Crouch를 외로움 담당 장관으로 임명했다. 크라우치는 외로움을 '스스로의 의사와 상관없이 사회관계 속에서 느끼는 고독감이나 고통'으로 정의한다. 실제로 외로움은 정신건강뿐만 아니라 육체적 건강도 심각히 위협하는 것으로 나타나고 있다. 외로움이 하루 담배 15개비를 피우는 것만큼 해롭다는 연구 결과도 발표되었다. 외로움 장관 임명, 국가적 지표 개발, 연간보고서 발간, 관련 정책 수립…… 국민들의 외로움을 해결하기 위해 2천만 파운드라는 과감한 재정투입을 실행한 영국 사례를 배워야 한다.

– 나는 수천 명의 사람들이 다른 사람들에 의해 잊힌 채 외로운 삶을 살아가는 나라에서 살 마음이 없다.

외로움 문제를 정치 문제로 이슈화하고 '조 콕스의 외로움 위원회'를 창설한 고故 조콕스 의원의 말이다. 한국은 어떠한가. 2018년 한국리서치 조사에 따르면, 국민의 4분의 1 이상이 외로움을 자주 느끼는 것으로 나타났다. 같은 조사에서 외로움을 전혀 느끼지 않는다고 답한 사람은 20퍼센트에 그쳤다. 외로움은 노인 계층에서 강하게 느끼는 것으로 알려져 있다. 꼭 그렇지도 않다. 20대 남녀 40퍼센트가 늘 외로움을 느낀다는 설문 결과를 주시해야 한다. 저소득층일수록 외로움을 느끼는 정도가 더 심각하다는 결과 또한 우리 정치가 시급히 해야 할 일이 무엇인지 제시해준다.

그러나 한국 정치에서 국민들의 외로움은 누구도 관심을 기울이지 않는다. 외로움과 관련한 정부의 종합적이고 구체적인 대응도 보이지 않는다. 물론 영국처럼 정부 부처를 만든다고 모든 문제가 해결되는 것은 아니다. 그렇다고 정치가 더 이상 외면해서도 안 된다. 청년들은 물론이거니와 대다수의 국민들은 좌절이나 실패를 겪었을 때 기댈 곳이 없다고 느낀다. 몇 해 전 OECD가 주요 나라 국민들에게 "곤경에 빠졌을 때 의존할 가족이나 친구가 있습니까?"라는 질문을 던졌다. 다른 나라 국민들의 88퍼센트가 '그렇다'고 답한 반면, 한국인은 72.4퍼센트에 그쳤다. 우리나라 국민 10명 중 3명은 힘들 때 의지할 사람이 없다는 것이다. 삶의 벼랑 끝에 섰을 때, 자신의 손을 붙잡아줄 수 있는 단 한 사람이 없는 사회. 결국 고립과 외로움의 끝에서 자살을 택하는 사회. 청년들의 사망 원인 중 자살이 가장 높은 사회. 우리 사회에 '외로움'이 얼마나 정치적인 문제인지를 보여주는 대목이다.

물질적 풍요가 어느 때보다 넘치는 현대 사회에서 우리는 왜 외로움을 겪고 있는 걸까. 급격한 기술 변화, 인구 변화, 사회 변화 등이 복합적으로 작용했을 것이다. 우리 정치가 그동안 외면했던 이슈인 외로움을 정치적 과제로 제기하고 우리의 미래가 고립이나 분리, 외로움이 아닌 소통, 친절, 공동체의 미래로 갈 수 있는 전망을 찾아나가야 한다. 외로운 사람들의 삶을 진보 정치가 바꿔나갈 때다.

'좋아요',
외로움의
또 다른 이름

일반적으로 디지털 시대는 '연결' 사회라고 불린다. 디지털 미디어의 확산으로 신문, 방송 등 기존 언론을 비롯한 전통적 메시지 생산 독점이 빠르게 해체되고 있다. 그 자리는 일반 사람들의 메시지 생산과 교류가 차지하고 있다. 미디어 연구자들은 그동안 구분해왔던 대인 커뮤니케이션과 매스 커뮤니케이션을 더 이상 나누지 않게 되었다. '연결'의 분기점은 코로나19가 결정적이었다. 바이러스 확산 이후 '언택트' 혹은 '비대면'이라는 이름 아래 수많은 온라인 연결 모임이 생성되었다. 단절되고 외로운 삶을 SNS에 기대는 이들도 부지기수다. '좋아요'가 위안이 되어줄지 모른다는 생각에 끊임없이 휴대폰을 들여다보는 사람들. 우리는 모든 인간관계를 미디어를 통해 해결하고 있다. 미디어 안에서 가족과

소통하고, 친구를 사귀고, 사랑하고 헤어지며, 나의 일상을 자랑한다. 그 모든 것이 '좋아요'로 환원된다. 그러나 '좋아요' 수가 공허함을 메워줄 수 있을까? 혹시 그 숫자는 나 '외로워요'의 또 다른 이름이 아닐까.

'과잉 연결'이라는 단어에 시선을 둔다. 스마트폰에서 울리는 알람에 잠을 깨고, 소셜커머스 공구를 통해 배달된 아침식사를 스마트폰으로 뉴스를 보며 먹고, 스마트폰으로 버스가 오는 시간을 확인하고, 버스나 지하철에서 스마트폰으로 SNS를 확인하고 카카오톡으로 메시지를 주고받고, 재택근무로 듬성듬성 자리가 비어 있는 사무실에 도착해서는…… 스마트폰이 없는 일상을 상상할 수 있을까.

인텔에서 수석부사장을 지낸 윌리엄 데이비도우는 이른바 '실리콘밸리 1세대'로 꼽힌다. 기술의 발전을 누구보다 선두에 이끌며 인터넷 시대의 도래를 가장 가까이에서 목도한 인물이다. 이런 그가 자신의 책 『과잉 연결 시대』에서 연결과잉 시대에 발생하는 문제점을 도출할 정도로 지금 우리는 '과잉'의 시대를 살고 있다.

윌리엄 데이비도우는 연결성에 따라 사회의 모습을 연

결이전underconnected 상태, 상호연결interconnected 상태, 고도연결 highconnected 상태, 연결과잉overconnected 상태로 구분한다. 지금 우리는 인터넷이 만들어낸 연결과잉 상태를 살고 있다. 사회 각 주체의 변화 속도가 너무 빨라 주변 환경이 각각의 변화 속도에 대처하지 못하고 있다고 그는 지적한다. 이때 '포지티브 피드백'이라는 용어가 등장한다. 본래 포지티브는 긍정을 의미한다. 그러나 연결과잉 상태에서는 하나의 변화가 일어남으로써 또 다른 변화가 강화, 증폭되어 시스템 전체에 훨씬 큰 자극을 준다는 의미로 쓰인다. 결과는 우리의 예상을 뛰어넘을 정도로 심각해서, 사회의 각 시스템이 균형을 회복하지 못하고 변화에 휘둘리다가 사소해 보이는 사고에도 큰 문제점을 노출하게 된다. 아이슬란드의 몰락, 2008년 금융 위기가 그 결과다.

아이슬란드를 살펴보자. 아이슬란드는 어업 위주의 섬나라였다. 하지만 2008년 인터넷 접속 가구 비중이 99퍼센트에 달할 정도로 '과잉 연결'되면서 금융업이 크게 성장했다. 아이슬란드의 은행들은 자국은 물론 전 유럽을 대상으로 온라인 영업을 펼쳐나갔다. 자금 유입도 날이 갈수록 늘어났다. 급기야 2005년 기준 1인당 국민 소득이 세계 5위에 올랐다. 좋은 일이다. 과연 그럴까.

뱅크런, 즉 예금자와 기관들이 은행에 맡겨둔 돈을 한 꺼번에 회수하면 어떻게 될까. 어느 날, 덴마크 은행 한 곳이 '아이슬란드의 대외채무가 국내총생산의 3배에 이른다'는 보고서를 발표했다. 투자자들이 동요했다. 아이슬란드 통화 크로나의 가치가 폭락했다. 국가 신용등급이 강등되었다. 주식시장이 무너졌다. 연결과잉을 통한 포지티브 피드백으로 작동하던 아이슬란드의 은행들은 순식간에 무너지기 시작했다.

2008년 미국 금융 위기도 같은 이치다. 인터넷을 통해 사람들은 자신에게 유리한 조건의 모기지(주택담보대출)를 찾아 나섰다. 주택 가격을 감정하는 시스템도 흔들렸다. 미국 정부는 전 국민이 주택을 소유하게 하는 정책을 펼쳤지만 주택 소유를 감당할 수 있는 국민들의 재정 능력의 부실을 감당할 수 없었다. 이른바 서브프라임 대란! 인터넷, 부동산 버블, 과소비…… 미국 국민들의 포지티브 피드백은 부동산 가격이 하락하자 순식간에 끝나고 말았다. 결과는 우리가 본 그대로다. 수백만 명이 파산했고 금융시장, 제조업, 서비스업이 한순간에 무너져 내렸다. 미국이 침몰했다.

이렇듯 연결과잉 상태는 작은 문제에도 쉽사리 위험

에 빠지는 치명적인 단점을 갖고 있다. 스마트폰으로 이어지고 연결되는 과잉 연결을 허투루 보아서는 안 되는 이유다. 과잉 연결 시대를 살아가는 지금-여기 '우리'를 바라본다. 무심코 받아들이는 과잉 연결을 인지하게 만드는 '일시 멈춤'이 필요하다. 데이비도우는 규제, 과세, 가격 평가 등의 장치를 통해 포지티브 피드백으로 흘러가지 않게 '적절한' 수준을 유지해야 한다고 제언한다. 사회적, 경제적 시스템이 스스로 조절 기능을 찾아나갈 수 있도록 이끌어야 한다는 것이다.

사회적, 경제적 시스템의 조절 기능, 기존의 사회적 시스템을 튼튼하게 설계하는 일은 누가 해야 할까. 정치다. 아무리 생각해도 정치뿐이다. 정치 뉴스만 보아도 짜증나고 화가 치밀어 오른다는 국민들에게 그럼에도 '정치는 필요합니다'라고 무릎을 꿇는 이유는 여기에 있다. 연결과잉 사회에서는 작은 사고가 대형 사고의 단초로 작용할 수 있다. 그동안 대한민국은 커다랗고 넉넉한 사회적 시스템을 만들기 위해 앞만 보고 달려왔다. 국민들이 보수 정치에 기회를 준 이유다. 이제는 아니다. 작은 사고를 철저히 방지할 수 있는 '안전한' 사회적 시스템을 다져야 한다. 과잉 연결, 아니 연결 사회조차 누리지 못하는 취약 계층이 어떠한 차별과 불편을

느끼지 않도록 세심히 살펴야 한다. 연결 사회에 정의당이
해야 할 일은 너무도 많다.

3

공동체와
시민사회가 만드는
새로운 연결

─ 시장이 약하면 사회가 비생산적이 되고, 공동체가 약하면 사회가 패거리 자본주의로 향하게 되며, 국가가 약하면 사회가 차갑게 변할 것이다. 반대로 시장이 과도하면 사회의 형평성이 무너지고, 공동체가 과하면 사회의 역동성이 떨어지며, 국가가 과하면 권위주의로 흐르게 될 것이다.

인도 중앙은행 총재를 지냈던 세계적 경제학자 라구람 라잔의 이야기다. 과잉 연결 사회에 생존하고 성공하기 위해 모두가 앞만 보고 달릴 때 우리 사회의 '약한' 부분을 살펴야 하는 이유다. 외로움, 고립, 우울…… 우리가 수많은 고독사를 목격하는 이유는 공동체가 붕괴되었기 때문이고, 인간관계가 무너졌기 때문이다. 인간이 공동체를 잃는 순간 외로움은 시작된다.

공동체의 붕괴와 관계로부터 배제를 겪는 사람을 '난민refugee'으로 지칭한다. 전쟁, 테러, 빈곤, 자연재해, 정치적 괴롭힘을 피해 다른 나라로 가는 사람들을 말한다. 난민의 발생은 결국 공동체의 상실을 의미한다. 사람이 태어나서 속하게 되는 '공동체'로부터 쫓겨날 때 시민들은 근본적인 위험에 빠진다. 그런데 우리는 난민이라는 단어를 '지구적' 차원의, 내전 중인 다른 나라에서 벌어지는 일로 생각하는 듯하다. 과연 그럴까. 나는 어디에 살든지 가장 극단적으로 외로움을 겪는 사람을 난민으로 여긴다. 공동체가 보호해주지 못하는 난민 또는 이방인에 관심을 기울여야 한다.

정치의 역할을 다시 생각해본다. 지금까지 한국 정치는 관계가 붕괴되어 삶이 위기에 놓인 시민들을 위해 무엇을 했는가? 물질적 생산 과정에 참여를 독려하는 경제 정책만을 일시적 해열제처럼 처방하는 데 급급하지 않았던가. 경제 성장을 지원하고 고용을 늘려 시민들이 소득도 얻고 '일하는 동료 관계'를 회복할 거라 기대해오지 않았던가. 현실을 냉정히 직시해본다. 지표상 경제 성장은 되었지만 고용이 늘지 않는 '고용 없는 성장'이 일상화된 사회. 그 고용의 대부분이 불안정 노동인 사회. 이른바 '플랫폼 노동' '유령 노동'이 보편화된 사회. 지금 우리 사회는 인간으로서의 개인이 고립된 채 인터넷 접속으로 각자 일하는 노동이 유행처럼 번지고 있다. 그동안 국가가 해온 통상적인 경제 정책이 시민들에게 안정된 소득과 관계를 가져다주지 못했다는 사실을 알 수 있다.

정치는 국가복지를 통해 시민들의 삶을 지원해주려고 했다. 그러나 기초생활 보장, 교육, 보건복지 개선 등 일부에 그치는 현금, 현물 복지만으로는 시민들이 일상에서 직면하는 외로움을 해결할 수 없다. 국가의 양적 지원이 개인에게 '관계'나 '연결'을 선물할 수 없음을 인정해야 한다. 관계와 연결은 공동체, 커뮤니티, 사회의 기본 덕목이다. 전통적인 가족이 분화하고, 전통적인 직장 동료관계와 이웃관계가 해체된 지금, 우리는 공동체와 시민사회를 통해 새로운 관계와 연결을 모색해야 한다. 정치의 시선 역시 공동체와 시민사회를 새롭게 만들고 지원하는 것으로 옮겨져야 한다.

공동체나 시민사회에 관한 인식도 달라져야 한다. 시민단체나 활동가들의 운동 영역으로 해석하는 데 그쳐서는 안 된다. 공동체와 시민사회는 '시민들의 중요한 삶의 영역'

이 되어야 한다. 대자연의 생물이 신진대사를 위해 태양과 공기와 물이 필요하듯, 시민이 좋은 삶을 향유하기 위해서는 국가와 시장은 물론 건강한 시민사회가 반드시 필요하다. 우리가 '시민'이라는 단어를 사용하는 것은 한 사람 한 사람이 시장의 거래나 국가의 공적 서비스는 물론 시민사회의 공간에서 삶을 영위해야 하기 때문이다. 가족, 직장을 넘어 다양한 모임과 취미 활동을 만들고 참여하고, 이해관계자들의 모임이나 토론에 참여하여 목소리를 내고, 어떤 때는 촛불을 들고 광장에서 관계를 맺으며 일상을 살아가야 한다.

'국가냐 시장이냐'라는 지루한 논쟁을 넘어 '따뜻한 사회'를 복원하는 데 정치의 노력을 기울여야 한다. 이제 외로움은 국가가 처방해야 한다. 상호부조와 상호의존. 우리는 숱하게 찾아온 국가적 위기 때마다 '함께' 나눔으로써 극복한 경험을 갖고 있다. 누군가에게 문제가 생길 때마다, 특정 지역에 위기가 닥쳐올 때마다 우리는 달려가 힘을 보탰다. 소중한 바다에 유조선 기름이 유출되었을 때 모두가 기름을 닦으러 갔고, 동료가 부당해고를 당했을 때 희망버스를 타고 달려갔다. 달려간 이들 누구도 보상을 바라지 않았다.

지금 우리는 그 어떤 재난 상황보다 위중한 바이러스

시대를 견디고 있다. 코로나19 재난 상황에서 시장은 생각보다 무능했다. 국가의 빠른 초기 대응이 얼마나 중요한지 체험했다. 감염 여부와 상관없이 서로가 서로를 경계하고 감시하는 모습은 안타까움 그 자체가 아닐 수 없다. 그럼에도 우리는 이 위기를 통해 배울 수 있었다. 지역별로 서로 연결된 시민들의 공동체만이 이 위기를 극복할 수 있는 유일한 방법이라는 것을. 모든 시민이 서로 연결되는 사회, 그리하여 언제든지 손을 뻗을 수 있는 사회. 사람과 사람, 사회와 사람 간의 단절을 회복하고 균형 잡힌 사회를 만드는 일. 이정미의 정치는 여기서부터 시작할 것이다.

연결,
참여자들의
공동 책임

4

결국, 외로움은 정치적인 문제다.

외로움 예방 관련 조례를 들어본 적이 있는가. 2019년 부산광역시, 대구광역시 수성구, 경상남도 통영시, 그리고 2020년 강원도 횡성군에서 외로움 예방 관련 조례를 만들었다. 지방정부에서 외로움 문제에 본격적으로 대응하기 시작한 것이다. 고무적인 일이다. 그러나 네 곳만으로는 턱없이 부족하다. 무엇보다 시민들의 외로움을 고독사의 문제로만 집중해서 보는 것은 근본 해결이 될 수 없다.

연결은 이웃과 이웃을 억지로 이어주는 시스템이 아니다. 내가 원하고 필요로 할 때 언제든지 누군가와 연결될 수 있는 환경을 만들어야 한다. 아직까지 우리 사회는 그 연결을 개인에 맡겨둔 모양새다. 검색하고, SNS로 소통하며 주체적으로 연결망을 찾아내고 있다. 당연히 사회적 약자와 노약자에게 취약한 상태다. 지방정부 차원에서 적극적으로 커뮤니티를 만들어 운영해야 하는 이유다.

'서울시 청년허브 청년참'이 좋은 예다. 정책의 작동 원리는 간단하다. 청년 3명이 모여서 신청하면 무슨 활동이든 할 수 있도록 1백만 원을 지급하는 것이다. 독서 모임을 해도 되고 영화를 감상해도 된다. '함께'가 중요하다. 일정 시점 '청년허브'에 모여 함께한 일이 무엇이었는지 참여자들끼리 모여 나누면 된다. 사업 담당자에게 심사를 받을 일도 없다.

2020년에 발행된 『청년참 아카이북』에 따르면 이 프로그램에 참여한 청년들은 '무언가를 시도할 수 있는 용기와 활력 회복'을 기대하고, 이로 인해 '소속감'과 '행복감'을 느낀다고 답했다. 청년 정책의 밑거름으로 삼을 만한 중요 지표다. 무엇보다 이 자료에서 청년들은 정보나 진로 탐색이 아니라 '관계망 확장'을 최우선 기대 항목으로 꼽고 있다. 그동안 나를 비롯한 기성세대는 청년들이 원하는 것은 취업 정보 같은 먹고사는 문제라고 여겨왔다. 하지만 청년들은

'연결'을 원하고 있었다. 관계망을 넓히고 용기와 활력이 회복되는 커뮤니티를 바라고 있었다.

어디 이런 마음이 청년들의 이야기뿐일까. 연결과 관계를 통한 용기와 활력은 대한민국 국민이라면 누구나 갈망하지 않을까. 당장 몇 가지 아이디어가 샘솟는다. 주민자치회를 만들어 주민 센터나 문화 공간 운영권을 부여해 주민들이 스스로 꾸려나가게 하는 건 어떨까. 공공시설의 구내식당을 민간기업 하청으로 돌리지 않고 지역 커뮤니티가 직접 운영하게 만드는 것도 좋겠다. 연결이 중요하다. 작은 단위부터 연결해나가다 보면 자연스럽게 큰 차원의 연결로 이어질 것이다. 주민-지방정부-중앙정부의 연결은 생각보다 그리 어렵지 않다.

연결의 핵심은 '자유로운 출입'이다. '플랫폼형 커뮤니티'를 제안한다. 공간을 지정해서 모든 사람이 아무 때나 들어와서 프로젝트에 참여할 수 있는 커뮤니티다. 말 그대로 정거장처럼 자유롭게 오가는 물리적 공간을 만드는 것이다. 시행착오는 필수다. 중도에 포기할 수도 있다. 아무렴 어떤가. 시작이 반이다. 운영하다가 더 나은 대안을 찾으며 괜찮은 커뮤니티를 만들어가면 된다. 공간과 장소는 그대로 유지하되 구성원을 계속 바꾸어 커뮤니티를 이어나가는 것이다.

플랫폼형 커뮤니티의 좋은 사례로 '괜찮아 마을 프로젝트'가 있다. 2017년부터 시작된 프로젝트는 목포의 유휴 공간을 활용해 집, 학교, 공장이 골목을 이루는 새로운 공간 모델이다. 누구든지 신청해서 들어오기만 하면 무엇이든 할 수 있고, 무엇이든 될 수 있다. 정착을 위한 교육도 받을 수 있고, 경제 및 생활 기반 공동체를 제공받을 수도 있다. 지금까지 3천여 명의 사람들, 특히 청년들이 가장 많이 거쳐 갔다고 한다. 해당 공간에 남은 사람도 제법 있다고 한다. 해당 프로젝트를 경험하고 목포 지역에 작은 가게를 차린 청년들이 여럿 있다. '괜찮아 마을'의 핵심은 '실패해도 괜찮다'는 것이다. 이러한 플랫폼형 커뮤니티가 지방정부마다 세워지는 모습을 상상해본다. 그 자체만으로도 전국적인 연결망이 되지 않을까.

지역마다 3개 정도의 공유 공간을 만드는 것도 실질적인 연결이 될 수 있다. 읍·면·동에 3개 정도의 공유 공간을 만들면 전국에 1만 개의 공유 공간이 창출된다. 단순한 관계 공간이 될 수도 있고 돌봄 공간이 될 수도 있다. 이러한 공유 공간이 촘촘히 운영되기만 해도 '공동육아'가 한결 안정적으로 자리 잡을 수 있다. 대한민국 워킹 맘의 고민이 해결될 수 있다. 모든 것을 빌릴 수 있는 '사물도서관'을 짓는 것도 중요하다. 모든 걸 공유함으로써 개인의 구매력이나 시장 능력으로 물건을 사는 부담을 줄이는 것이다.

공유 공간의 핵심 동력은 '커뮤니티'다. 우리는 공유지는 필연적으로 실패할 수밖에 없다는 믿음을 갖고 있다. 미국 생물학자 개릿 하딘[7]의 '공유지의 비극'이 절대적으로 받아들여졌다. '공유지의 비극'은 영국의 산업혁명 과정에서 사유화의 합리성을 뒷받침한 이론이다. 사용 제한이 없는 공유지를 무분별하게 사용할 경우 해당 지역의 황폐화를 불러일으킨다는 것이다.

그러나 공유지는 자유방임지가 아니다. 가령 한 마을의 저수지는 특정 주인은 없지만 동네 사람이라는 공동 주인이 있어서 유지할 수 있다. 모두가 주인이라는 생각으로 오염시키거나 망치지 않는다. 공유 공간이 그렇다. 공유 공간은 만

---

[7] 개릿 하딘(Garrett Hardin). 미국의 생물학자. 1963년부터 1978년까지 캘리포니아주 샌타바버라 대학에서 생태학 교수를 지냈다. 1968년 「공유지의 비극」을 과학 저널에 게시하며 자원 관리의 필요성을 제기했다.

들어놓고 방치하자는 게 아니다. 지역과 주민 커뮤니티가 적극적으로 운영하게 만들자는 것이다. 커뮤니티에 의해 공공적으로 관리 사용되는 곳. 이정미가 주장하는 진정한 의미의 공유지다. 주민 센터 및 문화 공간 운영권, 구내식당 운영권 등을 지역 커뮤니티에 안겨주자는 제언은 '공유지의 비극'을 막기 위해서다. 시스템을 만들어 주민과 시민, 즉 '참여자'들이 공동의 책임을 지는 것. '연결'의 의미는 여기에 있다.

"사회 같은 것은 없다. 개별적인 남성과 여성, 그리고 가족이 있을 뿐이다." 1987년 영국의 마거릿 대처의 주장이다. 지금 우리 삶을 돌아본다. 신자유주의가 사회를 원자처럼 쪼개고, 개별화된 삶이 각자의 경쟁력을 강요받고, 인간의 얼굴이 돈과 상품으로 둔갑해버린 시대. 이런 시대적 상황에 정치가 해야 할 일은 '관계성'을 회복하는 것뿐이다. 오직 그뿐이다.

당장 어떻게 먹고살지 걱정하는 사람들의
'얼굴'을 보아야 한다. 기존의 잣대와 기준을
던지고 구체적인 삶의 현실로 들어가야 한다.

차가운
복지,
배제된
시민들

4장

소리 없이
서로를 보듬는
사람들

　'보호 종료 아동'으로 호명되는 사람들이 있다. 돌봐줄 가족이 없는 아이들. 우리 사회는 이들을 시설에 몰아넣고 책임을 다했다고 여긴다. 문제는 이 아이들이 18세가 되면 보호 종료가 되어, 얼마의 자립정착금과 조그만 손가방을 들고 망망대해 같은 세상에 홀로 나서야 한다는 것이다. 강제적으로 어른이 되기를 요구하는 세상 앞에서 그들은 설렘이 아니라 두려움을 느낀다. 최근 보건복지부가 보호 종료 아동들에게 24세까지는 시설에 머무를 수 있게 한다는 정책을 발표했지만 시설에 '머무르는 시간'을 몇 년 더 늘린다고 해서 그들이 마주한 삶이 달라질까? 6년의 시간을 더 머무르라는 대책을 당사자들은 다행이라 여길까?

시설에 좀 더 살 수 있다고 해서 삶의 문제는 해결되지 않는다. 정부는 고육지책으로 급한 불을 끈 기분이겠지만 '시설 대책' 그 너머를 바라보아야 할 것이다. 시설은 결국 보호 당사자가 아니라 관리 편의성에 중점을 둔 시스템이다. 장애인 보호 시설, 미혼모 보호 시설 역시 당사자를 사회와 격리시켜 보호하는 데 급급한 결과물이다. 그곳에 들어가는 순간, 돌봐줄 가족이 없는 아이들과 장애인과 미혼모는 시민의 권리와 책임에서 제외된다.

어떤 이들은 보호 종료 아동에게 지원하는 자립정착금을 늘려야 한다고 주장한다. 하지만 보호 종료 아동 커뮤니티에서 만난 이들은 한결같이 '더 이상 예산 얼마를 투입했다는 수치로 우리를 위해 일했다고 말하지 말라'고 요청한다. 그들이 원하는 것은 '사람'이다. 세상 밖에서 자립할 수 있도록 손을 잡아주고 기댈 수 있는 어른, 궁금한 것을 물어보면 조언해주는 어른이 필요하다고 말한다. 그들의 심정이 되어본다. 당장 살 곳은 어디에, 어떻게 얻어야 하는지, 전입신고는 어떻게 해야 하는지…… 오랫동안 시설에 머무른 그들이 대응하기엔 버겁기만 하다. 보호 종료 아동이 압박감을 이기지 못하고 스스로 목숨을 끊거나, 사회에 적응하지 못하고 탈선하는 이유다. 자립정착금의 존재를 모르거나, 중간에 누가 가로채는 상황도 심심치 않게 벌어진다고 한다. 국가 행정상 '의무적으로 투입된 사람'이 아니라 일상의 고민을 '함께하는 사람'이 필요하다고, 그들은 말한다. 정의당조차 그들에게 큰 힘이 되어주지 못했음을 반성한다. 우리가 그동안 외쳐온 가치가 그들에게 아무 소용이 없었음을 통감한다. 부끄럽다.

고립사, 고독사도 더 이상 방치할 수 없다. 사람은 언젠가 죽는다. 누구도 예외 없이 생을 마감하는 순간을 맞이해야 한다. 그렇기에 잘 사는 것도 중요하지만 잘 죽는 것이 중요하다. 그러나 우리 사회에는 죽는 순간까지도 외롭게 생의 불을 끄는 사람들이 너무도 많다. 삶의 마지막 순간조차 인간으로서의 존엄을 누리지 못하는 이들이 우리 곁에 넘쳐난다.

문제는 국가가 그들 곁에 머물지 않는다는 데 있다. 무연고 사망자들을 돕는 건 국가가 아닌 비영리단체의 봉사자들이다. 가족과 단절되어 외롭게 살아가는 노인들에게 새로운 설렘을 제공하는 것도 정부가 아니다. 전국의 3천여 개 문해학교는 홀로 삶을 버티는 어르신들에게 한글을 비롯한 기초 학력과 컴퓨터 사용법, 은행 이용법 등을 가르침으로써 그들을 연결짓는 일을 한다. 어르신들은 문해학교를 통해 세상과 대화하는 도구를 익힌다. 그러나 문해학교 선생님들이 제대로 된 보수를 받지 못한다는 사실을 아무도 모른다. 영화 〈칠곡 가시나들〉을 통해 문해학교를 다니는 할머니들의 삶을 다루었던 김재환 감독은 언론 인터뷰에서 다음과 같이 말한다.

— 젊었을 때는 '워라밸(일과 삶의 균형)'을 얘기하는데, 나이 들어서는 '설외밸(설렘과 외로움의 균형)'이 필요해요. 외로움을 달래는 유일한 해독제는 설렘밖에 없으니까요. 칠곡 할머니들에게 한글 공부가 '설렘으로 들어가는 입장권'이었어요. 글을 배운 뒤 생애 처음 아들에게 편지를 써보고 자식들과 문자 메시지도 하고, 은행 업무를 보며 사인도 해보거든요.

사회 곳곳에서 소외된 자들의 외로움을 소리 없이 보듬는 이들을 기억한다.

2

표면적
행정 복지의
폐해

　- 혼자서 50미터 이상 걸을 수 있나요? 윗주머니까지 양
팔을 올릴 수 있나요? 모자를 쓰듯 양팔을 높이 올릴 수 있나
요? 전화기 버튼을 누를 수 있나요? 혹시 의사소통에 어려움을
겪은 적이 있나요? 시계 알람은 맞출 수 있나요?

　영화 〈나, 다니엘 블레이크〉의 한 장면이다. 다니엘 블
레이크는 심장에 문제가 생겨서 더 이상 일을 해서는 안 된
다는 의사의 진단을 받는다. 하지만 질병수당 심사관은 심장
병과 상관없는 질문만 반복한다. 말이 통하지 않는 상황에서
답답함을 토로하면 자격심사에 득이 될 것이 없으니 그저
매뉴얼에 따라 질문에 답하라는 압박만이 되돌아온다. 결국
그는 심장질환으로 절대적 안정을 취해야 한다는 의사의 진

단과 달리 '가능하다'고 답해야만 했다. 수급자격 미달이라는 보건당국의 통고를 받은 채로 말이다.

블레이크는 아픈 심장을 부여잡고 일자리를 찾아 거리를 헤맨다. 재심사와 항고를 진행하려면 관료주의적 시스템을 몇 단계나 밟아야 한다. 당국과 전화 통화하는 일도 쉽지 않다. 수당을 받으려면 한 번도 사용한 적 없는 컴퓨터를 이용해야 한다. 평생 동안 목수로 살아온 그는 마우스를 모니터 위에 얹는다. 다니엘은 국가로부터 '돈을 구걸하는 노인' 취급을 받는다.

영화는 '요람에서 무덤까지'로 요약되는 영국 〈베버리지 보고서〉 기반 복지 정책의 한계를 노골적으로 보여준다. 베버리지 정책은 20세기 복지정책의 근간을 만든 것으로 여겨진다. 보고서가 발간될 무렵, 대공황과 두 차례의 세계대전, 그리고 사회주의의 출현은 자본주의 체제를 위협하는 것으로 여겨졌다. 불평등이 극도로 심화된 상태에서 베버리지는 획기적인 복지제도를 제안한다. 그 영향력이 20세기 내내 이어져왔다.

그러나 시대가 달라졌다. 당연히 제도도 변화해야 한

다. 1980년대 이후 신자유주의 체제가 세계를 덮쳤지만 복지정책은 여전히 '자원'의 문제에 집중하고 있다. 영국은 물론 거의 모든 국가가 방향 전환의 기회를 놓친 셈이다. 베버리지 복지제도 역시 예산의 효율적 집행이라는 명목 아래 민간위탁과 시장화를 통해 질 낮은 사회 서비스로 변질하고 말았다.

그런데 우리가 간과한 사실이 있다. 베버리지가 '우리의 복지시스템이 사람과 공동체를 놓치는 실수를 범했다'고 고백한 것이다. 사람들의 관계로부터 대안이 시작된다는 사실을 놓치고 철저히 관료시스템에 의존한 것을 베버리지는 반성하고 있었다. 그의 고백처럼 복지 수급자를 대상화하는 관료적 시스템은 아무런 대안이 될 수 없다. 이제라도 근본적 변화의 지점을 찾아야 한다.

〈나, 다니엘 블레이크〉는 런던에서 밀려나 두 아이를 데리고 이주한 싱글 맘 '케이티'를 통해 돈은 없어도 도와줄 사람 한 명만 있다면 다시 삶을 살아갈 힘을 얻을 수 있음을 보여준다. 다니엘 블레이크라는 친절한 이웃이 세 명의 가족을 일으켜 세울 수 있었다. 친절한 환대! 수당이나 지원금 같은 영혼 없는 돈보다 나의 아픔과 외로움을 보듬어주는 단한 사람이 필요하다는 사실 앞에서 관객은 감동받는다.

관료적인 통제 매뉴얼에 사람을 끼워 맞추는 광경은 대한민국에서도 쉽게 목격할 수 있다. 돌봄 독박, 돌봄 부정, 돌봄 사각지대가 우리 이웃을 죽음으로 몰아넣는다. 2021년 5월, 인천 부평구 한 모텔에서 119 신고가 들어왔다. 2개월 된 아기가 코피를 흘리며 숨을 쉬지 않는다는 신고였다. 아기의 아버지 최 씨가 긴급 체포됐다. 최 씨는 아기가 계속 울어 화가 나서 던졌다고 자백했다. 이는 용서받을 수 없는 아동 학대이자 살인행위다.

언론은 '모텔살이 가족 사건'으로 한 가족의 비극을 호명했다. 문제는 누구도 그 이면을 살피려 하지 않았다는 것이다. 나는 이 사건을 대한민국 복지 공백의 참극으로 바라본다. 아기의 부모는 정착할 형편이 안 되어 모텔을 전전하며 살아야 했다. 엄마 김 씨는 둘째를 모텔에서 출산해야만 했다. 그렇게 4명이 된 가족은 늘어난 이삿짐을 옮기며 모텔을 전전했다. 이들의 딱한 사정을 해결하기 위해 어느 모텔 주인이 구청에 전화를 걸었다. 구청은 몇 가지 생필품과 270만 원의 긴급지원 외에 다른 방법을 찾지 못했다. 부부의 주소가 등록된 곳이 원래 살던 곳과 맞지 않아서 지원할 수 없다고 답했다. 부인은 빚을 갚지 못해 사기죄로 구속되었다. 최 씨 혼자 두 아이를 돌봐야 했다. 꽉 막힌 모텔 방에서 최 씨는 끔찍한 학대를 저지르고 말았다. 가족을 지켜본 목격자는 이렇게 말했다.

　－ 학대는 용서받지 못하겠지만, 이 가족의 서사를 살펴봐 주십시오.

　재판부가 서류만 보고 '이건 사기'고 '이건 아동학대'라는 기계적 판단을 하지 말아달라는 간청이었으리라. 행정 데이터가 아닌 가족의 서사에 부합한 복지체계가 있었다면…… '모텔살이 가족 사건'을 방지할 수 있지 않았을까.

3

복지의
양적 경쟁을
멈추자

사람은 혼자 살 수 없다. 서로가 서로를 돌보며 살아간
다. 인생의 즐거움을 나누고 힘겨운 이의 손을 잡아준다. 돌
봄은 생명을 살리는 일이다. 누구나 살아가며 준비되어 있지
않은 어려움에 처하게 된다. 그 순간, 나의 삶을 지켜주는 단
한 사람이 있다면 이 세상은 살아갈 만하다.

2004년 최초로 열 명의 국회의원을 배출하고 원내 입
성을 이룬 진보 정당은 정책의 황금기를 만들었다. 무상의
료, 무상교육! 누구도 배제되지 않고, 누구나 잘사는 복지국
가를 꿈꾸었다. 진보 정당의 구체적이고 실질적인 복지담론
은 보수정치 세력에도 영향을 미쳤다. 그들도 알고 있었다.
성장이 멈추고 불평등 양극화로 시민들의 고통이 커져가는

지금 어떤 정치세력도 성장만을 외칠 수 없다는 것을. 오세훈 시장의 무상급식 반대론이 서울시민들에게 철퇴를 맞은 이유다. 그래서일까. 2012년 대선에 출마한 박근혜 후보는 상상 이상의 복지 공약을 발표했다. 국가책임 보육 체제, 5세 이하 맞춤형 무상보육, 고등학교까지 무상의무 교육, 암·중풍 등 희귀난치성 질환치료비 100퍼센트 국가 부담을 약속했다. 사실 진보 정당 복지담론에서 꾸준히 이어진 결과물이다. 물론 대통령 당선과 함께 물거품이 되었지만.

대한민국 복지정책은 현물, 현금 복지에 대한 양적 경쟁으로 일관해왔다. 정당의 세부 정책 방향이나 재원 규모만 다를 뿐 큰 틀에서 비슷비슷한 게 사실이다. 진보 정당이라고 다르지 않았다. 기존 복지 프레임에서 '우리가 제일 낫다'는 사실에 안주해왔다. 그마저도 이재명 경기도지사의 '기본소득' 노선이 제출되면서 진보 정당이 제일 낫다고도 할 수 없는 상황에 빠지고 말았다. 물론 1년에 50만 원이든 한 달에 50만 원이든 그 돈으로 인해 내 삶이 나아질 거라고 답하는 사람을 보지는 못했지만 말이다.

수치와 통계
바깥의 사람들

정의당은 지난 10년 동안 '정의로운 복지국가'를 내걸고 달려왔다. 하지만 나는 말한다. '정의로운 복지국가' 비전은 낡았다고. 이제 우리는 '요람에서 무덤까지'라는 복지담론을 허물어야 한다. 이제 우리 사회는 기존의 단선적인 처방으로는 결코 해결할 수 없을 정도로 복잡해졌다. 현대 사회의 질병을 살펴보면 그 복잡성을 쉽게 알 수 있다. 오늘날 질병은 일회적 처방이나 외과수술로 해결할 수 없다. 우울증, 비만, 당뇨 등 지속적이고 장기적인 치료를 통해 몸과, 마음, 그리고 생활습관을 다스려야 한다. 민주주의도 마찬가지다. '다수'로 대표되었던 민주주의 원리는 소수자, 약자의 권리라는 새로움을 받아들여야 한다.

역시 정치가 달라져야 한다. 복잡한 사회의 각 부분에서 이루어지는 구체적 현상과 본질을 깊이 들여다봐야 한다. 다수자는 물론 사회적 약자와 소수자의 삶에 민주주의의 햇살이 골고루 비추도록 부지런히 살펴야 한다.

대한민국 건국 이래 우리는 한 차례의 머뭇거림 없이 오로지 '성장'을 목표로 달음박질해왔다. 성장만이 최우선인 세상에서 삶의 기준은 GDP국내총생산, gross domestic product라는 수치뿐이었다. 그 결과 약탈적인 자본주의가 자리 잡았다. 자본주의 어디에서도 인간의 얼굴은 보이지 않게 되었다. 불평등이 심화되었고, 엎친 데 덮친 격으로 기후 위기까지 닥쳤다. 기후 위기는 미래 세대 이야기가 아니다. 지금-여기를 살아가는 우리의 이야기다. 대홍수, 폭염, 대형 산불, 그리고 코로나 팬데믹까지…… 아직까지는 견딜 수 있는 정도이지만 나중에는 살 수 있을지를 걱정해야 할지도 모른다.

계층 간 불평등도 과거와는 전혀 다른 양상으로 펼쳐지고 있다. '신종 신분사회'가 열렸다. 기득권 세습사회는 노력을 통한 계층 이동 사다리를 걷어찼다. 기득권 세습 대물림은 자산소득에만 국한되지 않는다. 관계와 인연이 중요 자본이 된 사회에서 누군가의 자식은 고립 단절된 상태로 버텨야 하지만, 누군가의 자식은 부모의 연줄로 도처에 널린 기회의 끈을 타고 신분을 세습한다. '조국 사태'는 그 결정판이다. 이른바 586세대가 자녀에게 세습의 기회를 철저히 챙겨온 모습에 국민들은 분노하고 절망했다.

코로나 재난지원금을 둘러싼 정치권 공방을 보고 있으면 가슴이 답답해온다. 하물며 내가 이 지경인데 국민들은 어떤 심정일까. 코로나는 전쟁에 비견할 만한 비상 상황이다. 비상 상황에 대한 감수성으로 정책을 집행해야 한다. 자영업자들은 "차라리 샷 다운을 선언하라"고 울고 있다. 직장과 사회로부터 단절된 채 아이 돌봄을 떠안은 엄마들은 발을 동동 구른다. 프리랜서들은 일자리를 잃고 당장의 한 끼를 걱정하고 있다. 수치와 통계, 보편이냐 선별이냐. 지금 우리가 직면한 상황은 논쟁을 반복할 만큼 한가하지 않다. 시민의 삶을 현실적으로 반영하는 대책이 나와야 한다. 80퍼센트만 줄 것인가, 100퍼센트 다 줄 것인가. 탁상공론으로 시간을 흘려보낼 수 없다. 당장 어떻게 먹고살지 걱정하는 사람들의 '얼굴'을 보아야 한다. 기존의 잣대와 기준을 던지고 구체적인 삶의 현실로 들어가야 한다.

나는 답한다.

"어떤 사람도 삶의 존엄으로부터 배제되어서는
안 된다"고, 이를 위해 "국가가 시민 돌봄의
최전선에 나서야 한다"고.

외로움
없는
따뜻한
돌봄 국가

―――――――――

5장

1인분의 삶

영화 〈혼자 사는 사람들〉의 주인공 '진아'는 가족과 직장 동료 등 모든 관계를 부정하고 고립을 선택한다. 작은 임대아파트의 모든 공간을 비운 채 방 한 칸만을 사용한다. 식사는 1인 전용 식당에서 베트남 쌀국수를 혼자서 먹는 게 전부다. 그녀는 텔레마케터다. 자신의 잘못이 아닌데도 온종일 '죄송합니다, 고객님' 머리를 숙이며 전화를 받는다. 어느 날, 옆집에 살던 청년이 집 안 가득 채운 쓰레기 더미에 깔려 고독사로 생을 마감했다는 소식을 듣는다. 매일 '죄송하다'는 말을 해야 살 수 있는 진아 같은 청년들이 세상에는 너무도 많이 존재한다.

그런데 이상하다. 청년들의 삶을 피폐하게 내몬 기성

세대는 누구도 '미안하다'고 말하지 않는다. 대신 〈나 혼자 산다〉 같은 비현실적 웰빙으로 대리만족이나 하라고, 가짜 위안을 삼으라고 참견할 뿐이다. 인간이 '고독'을 택해서 내면을 들여다보고 성찰하는 건 적극적이고 능동적인 모습이다. 그러나 '외로움'은 다르다. 자신이 원하지 않는 감정을 느껴야 한다는 점에서 고통스럽고 우울하다. 외로움은 세상과의 연결을 거부하게 만든다. 일견 편한 듯 보이지만 그 안에는 위태로움이 가득하다. 외로운 청년의 1인 가구는 삶의 조건이 매우 취약할 수밖에 없다. 한 사람이 타인과의 관계를 맺는 시간은 일평균 두 시간이 넘지만 청년들은 1시간 14분에 불과하다는 연구 결과도 있다. 1인 가구 청년들의 월수입은 대부분 300만 원 미만이다. 1인 가구 청년 가운데 '충분한 소득으로 살아간다'고 답변한 사람은 10퍼센트에 불과하다는 설문도 마음을 저리게 한다. 청년들에게 가난과 외로움은 현실이다.

『아빠의 아빠가 됐다』의 조기현 작가는 스무 살 때부터 치매에 걸린 아버지와 단둘이 살아왔다. 나는 이 책을 읽으며 우리 사회의 복지제도의 한계를 여실히 느낄 수 있었다. 알코올 의존증과 치매로 몇 차례 쓰러진 작가의 아버지는 결국 응급상황에 처한다. 그래도 작가는 아버지를 포기하지 않는다. 우선 주민 센터를 찾았다. 하지만 아버지가 65세 미만이라는 이유로, 작가가 젊다는 이유로 복지 지원을 받지 못한다. 뜨거운 라면을 발등에 붓고도 아프다 말하지 못하는 아버지, 그런 아버지를 떼어놓고 일하러 갈 수는 없지 않느냐고 말해도 국가는 요지부동이었다. 국가는 오로지 '조건'이라는 단어만 반복했다. 조건에 맞지 않으면 아무리 삶이 고단해도 구제 받을 수 없는 나라. 3년 만에 이젠 정말 마지막이라고 마음먹고 주민 센터를 찾은 작가는 이렇게 외친다.

- 제발 안 된다고만 하지 말고! 이런 꼼수를 쓰면 된다거나 어떤 거짓 서류를 꾸미라거나, 답을 말해달라고요. 제 상황이 수급자가 되지 못하는 게 이상한 일이라는 걸 모르지 않을 텐데, 왜 안 된다고만 말하세요!

그제야 주민 센터 담당자는 질병 코드를 적은 종이를 건네주며 팁을 알려준다. 아버지와 작가의 주소를 분리할 것, 질병 코드에 맞는 질병으로 진단서를 끊어올 것. 그렇게 하면 아버지를 기초생활 수급자로 등극시킬 수 있다는 것이다. 담당자는 조용히 말한다.

- 혹시라도 이런 얘기했다고 아무에게도 말씀하시면 안
돼요.

　조기현 작가는 우리 청년들의 삶을 압축해서 보여준
다. 이 땅의 청년들은 스스로 '1인분의 삶'을 지탱해야 한다.
본인이 감당하기 어려운 2인분의 삶을 살아내야 하는 이들
도 많다. 작가의 아버지는 아들의 돌봄이 없으면 누구의 도
움도 받을 수 없다. 돌봄이 필요한 사람들은 둘 중 하나를 선
택해야 한다. 혼자서 고립되거나, 친지나 가족에게 손을 내
밀거나.

　돌봄의 필요충분조건이 '돈'은 아니다. 조기현 작가와
만났을 때 들었던 그의 말이 잊히지 않는다.

　- 기본소득, 지원금…… 돈을 배분하는 것이 아니라 따뜻
함을 배분하는 사회가 되면 좋겠어요.

　돌봄을 통한 따뜻한 분배가 절실하다.

돌봄의 시간

- 우리의 복지제도는 우리가 쓰러질 때 우리를 일으켜줄 수 있지만 다시 날아오르게 도와주지는 못한다.

복지제도를 엄정하게 진단한 영국의 사회 활동가 힐러리 코텀[8]의 말이다. 돌봄과 복지제도의 근본적 전환을 제안하는 『래디컬 헬프Radical Help』에서 작가는 단언한다. 전후 체제의 서비스와 기관들은 이제 한계에 다다랐다고, 복지 체

---

[8] 힐러리 코텀(Hilary Cottam). 세계적인 사회활동가, 사회적 기업가, 혁신가. 영국은 물론 지구촌 곳곳에서 우리 시대의 사회 문제에 대해 협력적이고 지속가능한 해결방안을 고안하며 일하고 있다. 세계경제포럼의 차세대 글로벌 리더, 2005년에는 영국에서 학교, 교도소, 보건소를 변화시킨 성과를 인정받아 '올해의 디자이너'로 선정되었다. 힐러리의 테드 강연 〈망가진 사회적 서비스를 고치는 방법〉은 백만 명에 가까운 사람들이 시청했다.

제는 오늘날의 산적한 문제, 현대인의 삶과 어긋나 있다고, 새로운 시대를 위해 고안되었던 기관과 서비스는 이제 낡은 것이 되었다고. 작가의 해법은 오직 하나, '재창조'다. 비록 이 시스템을 고칠 수는 없지만 우리 시대에 맞추어 재창조해야 한다고 말한다. 작가의 육성이 가득 배어 있는 책을 읽으며 나는 '어떻게 하면 모두가 좋은 삶을 일구고 풍요로운 삶을 살 수 있는가'라는 작가와 동행하는 기분이었다.

내친김에 작가의 2015년 테드TED 강연을 찾아보았다. 〈망가진 사회적 서비스를 고치는 방법〉이라는 강연은 100만 명에 육박하는 시청자들의 지지를 받은 것으로 유명하다. "서로 연결되어 소통하고 있다는 느낌을 주는 '관계적 복지'로의 전환이 필요하다"는 작가의 메시지에 마음이 충만해졌다. 정치인으로서 내가 무엇을 해야 하는지 귀한 과제를 부여받은 기분이었다. 코텀은 영국을 비롯한 유럽 전역, 라틴아메리카, 아프리카 등에서 이른바 '낙후된 지역사회'라 불리는 곳에서 활동했다. 내가 앞에서 언급한 '베버리지 보고서' 역시 작가에게서 배웠다. 1941년 영국의 복지시스템을 창설한 것으로 평가받는 보고서는 제2차 세계대전 이후 국가 재건을 꿈꾼 커다란 상상력에서 나왔다. 그러나 복지시스템이 처음 구축될 때와 확연히 달라진 지금 '잘 산다는 것은 무엇인가'라는 질문에 대한 해답은 변화해야 한다. 작가는 지금이야말로 베버리지 보고서가 나왔을 때처럼 커다란 상상력이 필요하다고 강조한다. 나는 여기에 한 가지를 덧붙이고 싶다. 너무도 복잡하고 세밀해진 사회의 양상에 맞춰 커다란 상상력을 실행하는 방법은 지극히 섬세해야 한다고 말이다. 그동안의 복지 정책이 하나의 방법론으로 모든 사람에게 적용했다면, 이제는 각각의 사람들이 무엇을 필요로 하는지 점검해야 한다. 코텀 역시 "이제 한 가지 치수는 아무한테도 맞지 않는다"며 비전을 연결하고 공유하되 매우 다르고 개별적으로 적용해야 한다고 말한다. 여기에서 그의 '역량 프레임워크'라는 개념이 등장한다. 복지제도가 돌보는 사람들을 '실패자'로 간주하지 말고 그들이 제대로 된 삶을 살아가는 데 무엇이 필요한지를 생각해야 한다는 것이다. 작가의 말처럼 '좋은 삶'에 필요한 역량은 일하고 배우는 것이다. 평생에 걸쳐 일하고 배우려면 몸과 마음이 건강해야 한다. 이제 우리의 복지제도는 구제에서 한 인간의 평생 역량을 강화하는 방향으로 재창조되어야 한다. 디지털 혁명에 맞춰 사회적 약자들이 '기술'이라는 유용한 도구를 배울 수 있도록 배려해야 한다. 날이 갈수록 새로워지는 기술을 복지에 투입해야 한다.

코로나19 시대, 팬데믹을 거치며 우리는 그 어느 때보다 사회복지의 필요성과 중요성을 실감하고 있다. 코로나로 격리된 치매 할머니를 찾아가 방호복을 입고 화투를 이용해 그림 맞추기를 한 의료진을 떠올린다. 그 사진 한 장에 얼마나 많은 이들이 힘을 얻었는가. 팬데믹은 우리에게 심각한 빈곤 문제가 내재하고 있음을 인지하게 했지만, 동시에 한 사람의 변화를 통해 사회의 시스템을 바꿀 수 있음을 교훈으로 안겨주었다. 결국 인간이다. 한 사람 한 사람이 사회문제에 책임감을 갖고 실천하면 문제는 해결된다. 그다음, 국가의 역할이 있다. 쓰러져서 주저앉은 사람의 겨드랑이에 팔을 끼워 넣고 일으켜줄 수는 있지만 그 사람이 다시 달릴 수 있게 날개를 달아줄 수는 없다. 국가가 필요한 이유다. 누군가는 말한다. "국가가 그런 돌봄까지 수행해야 하느냐?"고. 나는 답한다. "어떤 사람도 삶의 존엄으로부터 배제되어서는 안 된다"고, 이를 위해 "국가가 시민 돌봄의 최전선에 나서야 한다"고.

이제 복지정책의 방향을 바꿔야 한다. '정의로운 복지국가'를 향한 양적 경쟁과 숫자로 싸우는 정책은 종식되어야 한다. 복지정책은 정교하게 '선별'되어야 한다. 2014년 2월, 서울 송파구 석촌동의 단독주택 지하 1층에 살던 박 모 씨와

두 딸이 생활고로 고생하다 스스로 목숨을 끊은 '송파 세 모녀 사건'처럼 사회안전망의 한계를 드러낸 가슴 아픈 사건 후에도 복지심사 기준과 금액의 조정이 있었을 뿐 시스템 자체를 바꾸는 일은 없었다. 이제 새로운 방식으로 접근해야 한다. 숫자가 아닌 정서적 안전망을 뜰채처럼 지역 곳곳에 펼쳐야 한다. 구석구석 그물망을 펼쳐서 걷어 올릴 때 복지가 필요한 곳이 드러난다.

서울을 비롯한 몇 개의 지자체에서는 '찾아가는 동주민센터' 사업이 있다. 일명 '찾동 사업'은 기존의 복지 서비스 방향을 바꿨다. 이 사업에서 담당자는 올해 만 65세가 되는 어르신이 사는 집과 새로 태어난 아기가 있는 가정을 방문한다. 직접 찾아가서 그가 어떤 복지 혜택을 받을 수 있는지, 어떤 서비스를 신청할 수 있는지 자세히 소개한다. '찾아와야 알려주는 복지'에서 '찾아가서 알려주는 복지' 시스템의 신박한 실험인 셈이다. 이렇게 미리 방문해서 알려주기만 해도 숫자에 가려진 주민들의 구체적 삶의 얼굴을 먼저 발견할 수 있다. 독거노인의 건강과 고독사는 숫자나 통계로 파악되지 않는다. 골목마다 안전망이 깊숙이 연결될 때 찾을 수 있다.

사회 그물망이 촘촘히 엮인다면 드라마 〈나의 아저씨〉의 '지안'이 겪어야 했던 비극도 피할 수 있다. '지안'은 쌓여가는 요양원 비용과 사채 독촉을 피해 장애가 있는 할머니를 탈출시킨다. 마땅한 도구도 없어 마트 카트에 할머니를 옮겨 싣고 산비탈 집으로 올라가는 길, '동훈'이 말한다.

  - 근데 왜 할머니를 네가 모셔? 요양원에 안 모시고? 손녀는 부양 의무자가 아니야. 자식 없고 장애 있으면 무료로 들어갈 수 있는데, 왜 요양원에서 쫓겨나? 아, 혹시 할머니랑 주소 같이 되어 있나? 주소지 분리해. 같이 사는 데다가 네가 소득이 잡히니까 혜택을 못 받는 거 아니야. 주소지 분리하고 장기요양 등급 신청해.

  지안을 괴롭혔던 수많은 가난의 굴레가 말 한마디로 해결되지는 않았지만, 누군가 곁에서 이런 사회보장이 있음을 한 번만 알려줬다면 어깨 위 작은 돌덩이를 덜어내지 않았을까. 안타깝게도 현실은 그렇지 않아서 우리는 여전히 돌봄 부정 사회에 머물러 있다. 코로나19를 맞이하며 돌봄 부정이라는 우리 사회의 민낯이 선명히 드러났다. 가벼운 옷차림으로도 견디기 힘든 계절에 이중삼중 두꺼운 방호복을 입고, 길게는 한 번에 48시간 동안 환자를 돌보는 의료 인력이 없었다면 어떻게 되었을까. 그런데도 우리 사회에는 의료 체계의 소중함을 간과한 채 공공의료를 민영화하려는 시도가 벌어지고 있다. 코로나19에서 환자 돌봄의 핵심 기능이 대형 자본 병원이 아니라 공공의료였음을 보고도 모른 체한다.

'아이 돌봄' 또한 짚고 넘어가야 한다. 아무리 세상이 좋아졌다고 하지만 아이 돌봄은 여전히 여성의 몫이다. '독박 돌봄'을 견디지 못한 여성들에게 지방정부들은 아이 하나 낳으면 5천만 원, 셋은 1억 원 같은 웃지 못할 구간 반복을 되풀이하고 있다. 간호간병인 등 돌봄 인력이 존중받지 못하는 현실은 어떠한가. 전문 간병인이 여전히 '저임금 중년여성 노동'으로 채워지고 있는 현실은 어디서부터 손을 대야 하나. 한 환자의 인생을 가장 곁에서 돌보는 사람들이 가장 열악한 대접을 받고 있는 돌봄 부정의 노동 시장을 언제까지 방치할 것인가.

이대로는 안 된다. 나는 정의로운 복지국가를 넘어 누구 하나 배제되지 않는 '외로움 없는 따뜻한 돌봄 국가'를 제언한다. '돌봄'은 단순히 누군가를 보살핀다는 개념에 그쳐서는 안 된다. 서로가 서로를 책임지는 상호의존 사회. 대한민국은 '돌봄의 시간'에 올라야 한다. 조국의 시간도, 윤석열

의 시간도, 적폐청산과 토착왜구 섬멸의 시간도 멈추고 돌봄
의 시간을 열어야 한다.

환경 돌봄과
정의로운 전환

우리가 돌봐야 할 것은 사람만이 아니다. 환경 돌봄에도 힘써야 한다. 기후 위기는 미래 세대의 몫이 아닌, 지금을 살아가는 우리의 문제다. 나는 이번 대선을 '기후 위기 선거'라 부르려 한다. 환경은 대선의 사이드 메뉴가 아니라 메인 이슈다. 이른바 대선주자의 면면을 살펴본다. 그들 중 그 누구도 기후 위기를 해결하고 생명을 살리겠다고 다짐하는 이가 없다. 코로나19는 어느 날 갑자기 우연히 출몰한 게 아니다. 환경 파괴, 식량 불안, 수질 오염, 동물 숙주 증가, 질병 매개체 증가 등이 연쇄적으로 작용한 결과다. 자연을 지배할 수 있다는 인간의 오만함, 인간을 위해 자연을 통제할 수 있다는 이기심. 그 결과, 우리는 '환경의 역습' 앞에 서고 말았다. 『코로나 사피엔스』에서 홍기빈 교수는 말한다.

— 바이러스는 미물이지만 우리에게 인간과 이웃과 자연이 함께 지복을 누리는 '좋은 삶', 그걸 생각해보라는 메시지를 전하는 전령일지도 모르겠습니다.

전 세계인이 모두 백신을 접종하고 나면 팬데믹은 완벽히 종결될까? 2016년 시베리아 동토가 녹아 순록 사체에 얼어붙어 있던 탄저균이 퍼졌고, 이상 기온으로 평년보다 잦았던 엘리뇨 현상은 인도 펀자브 지역과 베네수엘라에 말라리아를 불러왔다. 기후 위기가 해결되지 않으면 지금의 질병 패턴은 반복될 수밖에 없다. 정치가 환경 돌봄에 진지하게 접근해야 하는 이유다.

환경 돌봄, 즉 탈탄소 사회로 전환되는 과정은 신중히 살펴야 한다. 탈탄소 사회 전환은 불가피하다. 문제는 그 과정에서 특정 지역이나 업종에서 급속한 산업구조 전환이 일어난다는 것이다. 모두에게 '정의로운 전환'이 중요한 까닭이다. 정의당 류호정 의원실에서 조사한 결과에 따르면, 발전 비정규직 노동자 중 석탄화력발전소 폐쇄로 고용 불안을 느낀다는 비율이 76퍼센트에 달했다. 폐쇄 시점을 정확히 알고 있는 노동자는 10퍼센트가 채 되지 않았다. 폐쇄 정보를 획득하는 경로 역시 신문이나 방송(37퍼센트), 직장 동료

대화(28.6퍼센트) 순으로, 사측에서 정보를 공유하지 않는 현실을 보여주었다. 탈탄소 전환은 반드시 풀어야 할 과제이지만, 그 과정에서 불필요한 사회적 갈등 비용이 커지지 않도록 살펴야 한다. 친환경 일자리로의 전환을 노사가 함께 준비하고, 그 과정에서 노동자의 고용 불안을 해결할 수 있는 정의로운 전환이 이루어져야 한다. 탈탄소 시대에 맞춘 환경 돌봄은 결국 사람 돌봄, 노동 돌봄으로 이어져야 한다.

노동조합도 변화해야 한다. 노동조합이라고 해서 조합원의 일자리를 위험하게 만드는 변화를 무조건적으로 거부해서는 안 된다. 4차 산업혁명 같은 메가트렌드에 맞춰 변화 프로세스를 구성해야 한다. 노조가 변화의 최전선에 서서 미래의 노동환경과 사회를 진보적으로 구성해야 한다. 탄소 배출 절감 노력이 요구되는 산업은 에너지, 정보통신, 교통, 농업, 폐기물 분야다. 문제는 이러한 사업의 노동 인구가 인구의 절반에 달할 정도로 거대하다는 것이다. 정의로운 전환에서 일터의 민주주의와 노동조합의 참여가 얼마나 중요한지 알 수 있다. 독일 금속노조의 노력이 눈에 띈다. 독일 노조는 시대의 거대한 변화에 맞춰 '직업훈련 계획'을 발표했다. 스웨덴 역시 노사 참여를 통해 재숙련 교육을 제공하고, 노르웨이는 직장생활 기후주간을 통해 작업장 내 기후변화 대응과 참여를 강조하는 캠페인을 전개하고 있다.

디지털 사회의
사람 돌봄

4

돌봄 개념에서 디지털은 선악의 이중성을 동시에 띠고 있다. 사람 돌봄과 노동 돌봄에서 디지털 기술은 없어서는 안 되는 구성 요소다. 문제는 과거의 기술과 비교할 수 없을 정도로 발전 속도가 빠른 디지털 기술에서 배제된 사람이 갈수록 늘어난다는 점이다. 모두가 기술을 자유롭게 사용하는 것 같지만 기술로 이익을 얻는 사람은 소수에 그치고 있다. 디제라티Digerati, 디지털 시대의 새로운 지배 계층을 의미하는 단어는 오프라인을 넘어 온라인에서도 불평등이 만연해 있음을 증명한다.

디지털 기술의 불평등은 '플랫폼 노동platform labor'에서 악화되고 있다. 플랫폼 노동은 디지털 경제 시대의 도래와 함께 출현한 새로운 형태의 노동이다. 플랫폼, 즉 정보시스템 환경을 구축·개방하여 누구나 방대한 정보를 활용할 수 있도록 제공하는 기반을 이용하여 불특정 조직이나 개인의 문제를 해결해주고 서비스를 제공함으로써 보수 혹은 소득을 얻는 일자리다. 플랫폼 노동은 배차, 택배, 배달 등 사용자가 온라인으로 주문하고, 플랫폼이 연결해주고, 서비스는 오프라인에서 행해지는 온디멘드 노동[9]과 웹툰, 웹소설, 디자인, 소프트웨어 등 발주자가 온라인 플랫폼에서 일을 발주하고, 공급자가 응모하여 위탁 계약을 맺고 작업물을 납품하는 크라우드 소싱 노동[10]으로 나뉜다. 이른바 달라진 시대 노동 환경의 상징이다.

문제는 플랫폼 노동이 근로계약 관계를 기반으로 한 전통적 노동과 달리 비전속성, 초단기성, 불특정성이라는 취약한 조건이라는 것이다. 알고리즘으로 이루어지는 플랫폼을 매개로 노동이 제공되어서 사용자를 특정하기 어렵고, 플

[9]————

on-demand work. 정보통신기술 인프라를 통해 소비자가 원하는 것을 즉각 제공하는 주문형 서비스 노동.

[10]————

crowd sourcing work. 일하려는 군중 사이에서 호출을 선점한 사람이 일의 우선순위를 부여받는 노동.

랫폼 기업과 위탁계약 방식으로 이루어지고, 노동의 대가는 정기적 임금이 아니라 건당 혹은 시간당 수수료 형태로 지급받기 때문이다. 그리하여 대부분의 플랫폼 노동자는 자영업자로 분류되어 제도적·사회적 보호의 사각지대에 놓여 있다. 정해진 작업장은 없고, 지시하거나 지시받는 관계는 있으나 고용의 책임은 사라져버린 노동. 플랫폼 노동은 우리가 그동안 쌓아온 노동 권리나 상식을 부수고 있다. 기존의 노동 개념으로 권리를 보호할 수 없는 사회가 되어버렸다.

플랫폼 노동 시장이 폭발적으로 커진 건 주지하다시피 코로나19 바이러스 이후부터다. 가히 배달 앱 전성시대다. '비대면' 날개를 단 배달 앱 시장은 플랫폼 노동 시대를 본격적으로 열었다. 전업 배달노동자를 흡수하는 데 그치지 않고 걸어서 혹은 자전거를 이용해서 '용돈을 벌어보라'며 시민들에게 권고하는 데 이르렀다. 디지털 시대에 익숙한, 그리고 코로나19로 인해 일자리를 잃은 사람들이 본격적으로 플랫폼 노동에 뛰어들었다.

플랫폼 노동시장의 확대는 노동권의 사각지대가 그만큼 늘어났음을 의미한다. 플랫폼 경제는 정보와 네트워크를 장악하고 알고리즘으로 노동자를 제어하며 많은 책임에서 벗어났다. 배달노동자는 산재보험을 플랫폼마다 가입할 수 없도록 저지당하고 있다. 배달노동자는 일거리를 얻으려면 여러 플랫폼을 켠 상태에서 자신에게 가장 적합한 배달 건을 빠르게 선택해야 한다. '배달의민족'과 '쿠팡이츠' 등의 플랫폼을 동시에 사용해야 한다. 그런데도 플랫폼은 어느 한 곳에 산재보험이 가입되어 있으면 다른 플랫폼의 보험은 추가로 가입할 수 없게 만들었다. 배달 노동자가 쿠팡이츠 산재보험에 가입된 상태에서 배달의민족 배달 건을 수행하다 다치면 책임지는 곳이 사라진다. 심지어 쿠팡이츠는 월 118시간, 월 1,242,100원 이하로 일하면 전속성 기준이 충족되지 않는다는 이유로 산재를 적용해주지 않는다.

플랫폼 노동시장은 '청년'의 문제이기도 하다. 사회에 첫발을 내딛는 많은 청년들이 배달 노동에 뛰어들고 있다. 출발부터 불안정 노동에 시달리는 것이다. 2021년 6월 정의당 일자리보장제 토론에 참여한 김지수 라이더유니온 부위원장은 이렇게 말했다.

– 청년들은 돈만 필요한 게 아닙니다. 존엄도 함께 필요합니다.

일은 인간의 정체성을 대신한다. 그러나 많은 청년들이 실업 상태에서 고립감과 불안함을 호소한다. 조건이 맞지 않더라도 급하게 취업하고 퇴사를 반복한다. 그야말로 악순환이다. 자신의 가치관과 꿈에 맞춰 직업을 '선택'하고, 노동운동을 위해 전략적으로 입사하던 시대는 다시는 오지 않을 듯하다. 2015년, 나는 서비스 영역의 노동자들의 요구를 대변하며 이렇게 말한 적이 있다.

- 우리는 서비스를 판매할 뿐 인격을 팔지 않습니다.

6년이 지난 지금 내 말은 한낱 부끄러운 선언이 되었다. 그럼에도 나는 다시 일어나 말하려 한다. 이 땅의 모든 청년들이 자신의 인격을 저당 잡히며 일하지 않는 사회를 간절히 바란다고 외치고 싶다.

알고 있다. 형태 없는 노동의 흐름을 누구도 거부할 수 없음을. 아니, 더 큰 물결을 일으키며 밀려올 것임을. 나는 사회복지에서 '재창조'를 외쳤던 힐러리 코텀의 발언을 이어받아 '노동의 재창조'를 주장한다. 기존의 노동 개념과 법률은 더 이상 새로운 노동을 해석할 수도 보호할 수도 없다. 일하는 모든 시민의 노동을 새롭게 정립해야 한다. 그 선두에 정의당과 이정미가 나설 것이다.

정의당은 이미 전 국민 고용보험과 같은 정책으로 불완전 노동에 한걸음 다가섰다. 여기서 그쳐서는 안 된다. 노동에 대한 인식, 기존의 패러다임과의 결별이 필요하다.

아침에 일어나 배달 앱에서 호출을 받는다. '배달의민족' 호출이 가장 먼저 울렸다. 다음은 '쿠팡이츠' 배달이다. 오후가 되면 '쏘카'의 핸들러 차량을 운전하고, 3시가 되면 '크몽'에서 받은 번역 작업을 마치고 웹자보를 제작한다. 여러 개의 일을 하고 있지만, 이것은 어느 청년이 하루 동안 수행하는 일이다. 노사관계의 영역 바깥에서 기존의 근로계약의 질서에 밀려나 일하는 모습은 우리에게 이제 흔한 일이 되었다. 이 청년은 노동자인가, 노동자가 아닌가.

젊은 시절 일했던 목돈과 대출로 가게 하나를 차린다. 새벽부터 늦은 밤까지 일하지만 코로나로 직격탄을 맞았다. 사장님이라 불리지만, 웬만한 기업의 비정규직보다 못한 수입을 벌어왔고, 그마저도 코로나 이후 가장 낮은 소득분위 계층으로 밀려났다. 그는 노동자처럼 자신의 소득을 보장받기 위해 협상할 수도 없고, 보호받을 제도도 없다.

기존의 사회계약으로 포괄하지 못하는 일을 하는 시민은 이미 700만 명에 육박한다. 프리랜서, 특수고용노동자, 1인 자영업자, 그리고 우후죽순으로 늘어나고 있는 플랫폼노동자. 그뿐인가. 독박육아를 담당하며 사회적 가치를 만들어내지만 가정의 양육자들은 단 한 번도 일로서의 가치를 인정받지 못했다. 건국 이후 만들어진 근로기준법 등의 사회계약은 더 이상 그들을 보호하지 못한다. 직접 고용이나 비정규직 사용사유 제한과 같은 요구는 변화된 노동시장에서 무의미한 상태가 되었다.

플랫폼 노동시장이 늘어날 때마다 힘겨루기를 하면서 보호 장치를 하나둘 늘리는 것이 대책이 될 수 있을까? 산업화 시대 사람의 일을 빼앗는 기계를 부수자는 러다이트 운동처럼, 시대의 대세가 되어가는 플랫폼 노동시장을 없애자고 해야 하나? 아니면 임노동 바깥의 노동을 야만적인 자유계약에 방치할 것인가?

대안은 기존의 '일자리' 개념에 대한 전면적인 패러다임의 전환이다. 1953년에 만들어진 사용종속적인 '임노동관계'를 전제로 한 사회계약, 근로기준법 제도 자체가 바뀌어야 한다. 노동의 개념을 모든 일하는 시민의 개념으로 확장시켜야 한다. 근로기준을 보호하는 사회계약 제도를 일하는 사람 누구나 보장받아야 할 권리로 명시하는 새로운 사회계약이 마련되어야 한다. 기업과 노동자 간의 계약 관계를 국가와 산업, 기업과 일하는 사람 간의 다자간 계약 관계로 전화시켜야 한다.

우리는 이제 '일하는 시민'을 호명해야 한다. 그리고 일하는 사람 누구나 인간으로서 누릴 수 있는 기본권을 보장하는 질서를 세워야 한다. 노동조합을 가질 수 있는 노동, 그 너머에 헌법으로도 노동관계법으로도 보호받지 못하는 '변화하는 일의 세계'를 향해 진보정치가 손을 내밀어야 할 때다.

돌봄, 녹색, 지역이 만들어내는 참여소득

돌봄은 환경과 지역 문제로 이어진다. 기후 위기와 더불어 '지역 소멸' 역시 우리가 해결해야 할 과제다. 전문가들은 부산광역시를 예로 든다. 부산은 서울 다음으로 인구가 많지만 구별로 들여다보면 상황이 달라진다. 초고령화로 인해 30년 안에 사라질 행정구역이 많은 상황이다. 부산이 이 정도라면 다른 지역은 어떤지 짐작할 수 있다.

지역 소멸에 대한 해법은 간단하다. 지역민들이 지역을 벗어나지 않게 만드는 것이다. 사람들이 지역 안에서 충분히 지속가능한 생활을 영위하게 하고, 미래의 발전을 도모할 수 있도록 경제 구조를 바꾸면 된다. 더 케어 컬렉티브[11]가 지은 『돌봄 선언』이라는 책을 탐구한다. 이 책을 읽으며 나는 '지역'이야말로 우리 사회의 미래를 책임지는 키워드라는 확신이 들었다. 책에 따르면 시장이 지역화될수록 지역의 요구에 부응해 공동체를 만드는 일이 활발해질 거라고 말한다. 생산자, 거래자, 소비자 사이의 관계를 발전시킬 수 있는 건 중앙 정부가 아닌 지방 정부, 그 속에 만들어진 지역 시장이라는 것이다.

그리스를 살펴보자. 그리스는 신자유주의 경제 체제로의 변화를 강요당하며 GDP의 30퍼센트를 잃었고, 국가부채는 190퍼센트로 상승했다. 기존의 돌봄 인프라가 약화되면서 자살률과 우울증은 35퍼센트나 증가했다. 위기의식을 느낀 것일까. 그 결과, 그리스인들의 연대의식이 급진적으로 확산되었다. 지역에서 자체적으로 운영하는 '푸드 뱅크'와 수백 개의 음식 꾸러미를 매주 배포하는 '연대 주방'이 수십 개 생겨났다. 대안 경제 네트워크! 중개인 없이 상품 공급이 이루어지는 공급망과 연대교육 조직이 만들어졌다. 하향식

⑪————

더 케어 컬렉티브(The Care Collective). 2017년 영국 런던에서 학술 모임으로 시작한 단체. 오늘날 세계적으로 '돌봄(care)'이 마주한 다면적이고 심각한 위기 상황을 이해하고 해결하기 위한 목적으로 결성되었다. 각기 다른 분야를 전문으로 하는 이들은 개인적·학술적·정치적 영역에서 개별적으로 또는 단체로 활동해왔다. 안드레아스 차지다키스(Andreas Chatzidakis), 제이미 하킴(Jamie Hakim), 조 리틀러(Jo Littler), 캐서린 로튼버그(Catherine Rottenberg), 린 시걸(Lynne Segal)이 활동 중이다.

통제가 아닌 수평적 모델, 서로가 서로를 무한히 돌보는 경제로 재생된 것이다.

　그리스뿐만 아니다. 돌봄 경제, 지역시장 활성화를 환경 돌봄으로 연결하는 실험이 세계 각국에서 일어나고 있다. '러스트 벨트Rust Belt', 즉 미국의 쇠락한 공업지대 중 한 곳인 클리블랜드에서는 '녹색 도시 그로워스Green City Growers, GCG'라는 지역 사업이 활발하게 펼쳐지고 있다. 수경온실 사업으로 고용을 창출하고, 그동안 멀리서 조달받던 채소를 직접 공급함으로써 운송비용과 탄소 배출량을 동시에 절감하고 있다. 우리에게 여전히 낯선 쿠바도 녹색 성장, 지역시장 성장으로 경제를 살리고 있다. 과거 소련으로부터 석유를 지원받았던 쿠바는 소련 붕괴 후 석유 수급이 어려워져 농촌에서 재배한 작물을 도시로 공급하지 못하게 되었다. 국가는 비상사태를 선포하고 농업개혁에 나섰다. 우선 농약과 화학비료에 의지하던 농법을 포기하고 퇴비를 이용한 유기농업으로 전환했다. 인구 80퍼센트가 거주하던 도시의 아스팔트에 농지를 조성하는 일명 '순환농법'을 보급해 나갔다. 이제 쿠바의 수도 아바나는 대표적인 생태도시로 거듭났다. 석유 소비는 줄고 토양 생명력은 상승했다.

지역시장의 활성화는 경제는 물론 환경을 살리는 효과로 나타나고 있다. 그리스, 클리블랜드, 쿠바처럼 우리도 지역 단위의 환경 돌봄, 도시재생 프로그램을 적극적으로 가동해야 한다. 멀쩡한 나무를 밀어버리고 새 나무를 심거나 소형원전으로 에너지 전환을 이루자는 허황된 주장을 멈추고, 도시재생으로 지역 중심의 정의로운 전환을 시작해야 한다. 경제의 핵심은 일자리 창출이다. 현재 중앙정부나 지방정부의 '일자리 사업'을 돌아본다. 어르신 위주의 '공공근로'를 떠올린다. 그저 일자리 수치를 맞추기 위해 단순 동원되는 일회성 일자리에서 노동의 가치나 의미를 찾을 수 있을까. 지역의 돌봄 경제는 다르다. 사람과 환경을 돌보는 일자리, 일하는 사람의 정체성을 안겨주는 시스템을 만들 수 있다. 나는 이 새로운 노동의 가치를 '참여소득'으로 부르고 싶다.

조건 없이 지급되는 기본소득과 달리 참여소득은 '사회에 무언가 유용한 활동을 해야 한다'는 조건을 전제로 한다. 지역 돌봄 일자리를 산정하고, 이 일자리에 참여하는 시민에게 소득을 보장하는 것이다. 일자리 종류는 보육, 노인 돌봄, 지역공동체가 요청하는 활동, 문화예술, 지역 환경 개선, 도시재생 사업 등 무궁무진하다. 지역별 커뮤니티에 꼭 필요한 일자리, '이윤 창출'이 목적이 아닌 '지역이 원하는 활동'이 만들어질 것이다.

참여소득은 취업으로 경제 활동을 증명하는 것이 아니다. 누구도 돈을 지불하고 고용하여 공급하지 않지만 사회적으로 반드시 필요하고 유용한 재화와 서비스를 공급하는 시스템이다. 일하는 사람 역시 특정 기업의 이윤을 창출하기 위해서가 아닌, 주변과 지역사회를 돌본다는 자부심으로 일할 수 있다. 비록 돈으로 환산되는 수익성은 발생하지 않더라도 지역민과 일하는 사람 모두가 행복할 수 있는 효과가 일어난다. 지역 곳곳에는 일손이 필요하지만 월급이나 시급 등 노동 대가를 지불할 수 없어서 해결하지 못하는 과업들이 많다. 일부의 헌신과 봉사가 그 자리를 메꾸고 있다.

참여소득의 핵심은 '일'이 아닌 일을 하고 있는 '자리'다. 어떤 일을 수행하는 자리인지, 그 일에 충분한 재정이 보장되는지 살펴봐야 한다. 우리 주변에는 '소리 없이 사회를 지탱하는 사람들'이 있다. 돌봄 경제가 본격적으로 시행되려면 이 일에 투입되어야 할 사람들이 있다. 그들이 수행하는 돌봄 가치를 참여소득을 통해 제대로 인정하고 그것을 지역 중심으로 해결해야 한다. 외로움 없는 따뜻한 돌봄 국가, '돌봄'과 '녹색'과 '지역'이라는 세 마리 토끼를 동시에 잡는 시스템을 만들어야 한다.

양적 성장론은
필요하지 않다

그동안 우리 정치는 오로지 '성장'만을 내세웠다. 그건 이번 대선이라도 다르지 않은 듯하다. 여당 대선 후보로 나온 이재명 경기도지사도 처음에는 기본소득을 정치공약 1번으로 내걸었으나 본격적인 대선 레이스에 돌입하자마자 '성장'으로 우회했다. 건국 이래 모든 대선의 주요 이슈는 어떻게 더 빨리 성장을 이룰 것인가, 그 이상도 그 이하도 아니었다. GDP, 지난 한 세기 동안 세 개의 알파벳이 이 나라를 지배해왔다. 나라의 경제 정책과 국민의 삶을 평가하는 기준이 되었다. 그러나 GDP의 평균값 속에 극심한 불평등, 기후 위기가 녹아 있다는 사실을 간과하는 정치인은 없다. 코로나 팬데믹 이후 세계 경제는 'K자 회복'이라는 양극화 현상을 뚜렷이 보이고 있다. 그래서일까. 일부 나라에서는 이제

GDP 수치만으로 국민들의 삶의 지표를 평가하는 것을 거부하고 있다. GDP는 한 국가가 생산할 수 있는 평균적인 능력을 보는 지표일 뿐, 국민들의 행복과 무관하다는 사실을 깨달은 것이다.

당연한 얘기이지만, 정치의 목표는 국민들의 행복한 삶을 보장해주는 것이다. 1980년생 뉴질랜드의 저신다 아던 Jacinda Kate Laurell Ardern 총리는 국민들의 '웰빙 지속성'을 측정하기 위해 자연 자본, 인적 자본, 사회 자본, 금융·물적 자본을 기준으로 웰빙 지표 12가지를 제시했다. 국가의 예산도 이를 기준으로 재설정했다. 이제 대한민국 차례다. 대한민국의 정치도 달라져야 한다. 양적 성장이라는 목표, 평균적 수치와 통계를 걷어낼 때가 되었다.

2020년대 정치는 사람과 자연을 살펴야 한다. 인간의 행복을 말하지 않고 폭우와 화염에 휩싸인 지구를 구하지 않는 성장론은 허구다. 지구를 말하지 않는 정치는 가짜다. 성장의 과실이 소수의 부만 살찌우는 시대, 대다수 국민은 성장이라는 달콤한 말에 행복과 안전을 저당 잡힌 시대는 끝나야 한다.

복지국가에서
돌봄 국가로 가는
10년

―우리는 사회적으로 한계 지어진 돌봄 역량과 실천, 그리고 돌봄에 대한 상상력에서 벗어나지 못하고 있다.

『돌봄 선언』이라는 책의 한 구절이다. 과거 복지국가 모델의 한계를 짚어낸 탁월한 혜안이 아닐 수 없다. 코로나19를 경험한 우리의 삶은 그 이전으로 되돌아갈 수 없다. 양적 성장에 기대어 더 많은 복지를 추구하는 정치를 해서는 안 된다. 선별적 복지냐 보편복지냐, 현금 복지냐 현물 복지냐 하는 이분법적 논쟁을 뛰어넘는 완전히 다른 전망을 열어가야 한다. 미국의 바이든 대통령은 선거 캠페인에서 '더 나은 재건building back better'을 내걸었다. 코로나 이전보다 더 나은 일상으로의 회복을 약속했다. 좋은 약속이다. 하지만 나는 조금은 더 다른 재건을 약속하려고 한다.

이제 시민들은 '다른 방식으로의 재건'을 원한다. 누구도 불평등과 격차가 극심했던 코로나 이전으로 되돌아가려고 하지 않는다. 사회와 직장에서, 거리에서, 모임에서, 일상에서 만연한 차별로 모멸을 감수하는 과거로 되돌아가려고 하지 않는다. 기후 위기라는 시한폭탄을 모른 체하며 에너지를 낭비했던 과거의 일상은 우리가 되돌아갈 곳이 아니다.

더 많은 어린이집, 더 많은 요양시설, 더 많은 공공복지 시설이 요구된다. 기본소득이니 안심소득이니, 각종 현금복지 약속이 쏟아지고 있지만 우리의 시야는 '사람이 사는 기본 문제'로 돌아가야 한다. 공공 영역에서 간과되었던 관계를 회복해야 한다. 보편적 돌봄이 일상적인 나라. 가정, 이웃, 공동체, 지역 사회, 국가를 포함한 모든 삶의 공간에서 돌봄과 관계가 우선시되는 나라. 이정미가 약속하는 보편적 돌봄 국가의 비전이다.

어디서부터 시작할 것인가? "돌봄 세상이란 우리의 상호의존성을 공언하고, 모든 관계에서 돌봄과 연대의식의 광범위한 윤리를 키워나가는 것"이라는 명제에서 실마리를 찾는다. 돌봄과 연대의식의 가치를 우리 사회의 가장 중요한 가치로 공인하는 것이 최우선 과제다. '돌봄을 하는 사람'의 가치를 인정하는 나라가 되어야 한다. 아이들을 돌보는 사람들, 지역공동체를 돌보는 사람들, 환경을 돌보는 사람들을 존중하고 적절한 보상을 제공해야 한다. 참여소득의 정신은 여기에 있다. 시장만능 사회에서 철저히 무시되었던 투명인간 같은 사람들. 코로나19를 겪으며 사람들은 이들을 '필수노동자'라고 부르고 있지만 이내 지워질 것임을 나는 알고 있다. 시장만능 사회란 시장 바깥에 남겨진 가치를 폄하하고, 시장 외에 다른 부문을 가정 또는 공동체에 위임하는 시스템이다. 여기에 신자유주의 시장이 더해져 개인 참여, 정서적 연결, 헌신, 공감의 가치를 금전적 보수가 지급되는 계약으로 환원시켰다. 이 말은 금전적 보수로 지불되지 않는 참여, 연결, 헌신, 공감을 인정하지 않는다는 것이다. 그래서는 안 된다. '돌보는' 사람이 존중받는 세상을 만들어야 한다.

다행인 걸까. 돌봄 사회와 돌봄 국가를 만들기 위한 노력이 우리 사회 도처에서 일어나고 있다. 의식 있는 시민들이 씨앗을 뿌리고 있다. 그다음은 정치 차례다. 시장만능 사회와 신자유주의 시장의 폐해를 목도한 시민들, 코로나19 팬데믹을 겪으면서 삶의 본질을 깨달은 시민들이 뿌린 씨앗이 자라나 돌봄 사회의 기둥이 되고 구조가 될 수 있도록 정치가 본연의 역할을 해야 할 차례다. 나는 앞에서 우리나라 3,500개 읍·면·동마다 세 개 이상의 공유 공간을 만들어 주민끼리 서로 관계를 이어주고 돌보자는 제안을 내놓았다. 이것을 '1만 개 공유 공간-관계 공간' 프로젝트라 불러본다. '사물도서관'도 다시 강조한다. 책은 물론 장난감, 공구 등 일상에 필요한 모든 것을 빌릴 수 있는 공간을 지어서 주민들이 함께 공유하는 생활을 돕는 일에 앞장서려 한다.

이제 인터넷은 어린이부터 노인에 이르기까지 일상의 필수재가 되었다. 인터넷이 끊긴 세상은 관계가 끊긴 세상을 의미한다. 수도, 전기, 가스 이상으로 일상의 필수재가 된 인터넷을 전 국민에게 일정한 용량만큼 완전 무상으로 제공하는 것은 어떨까?

이정미의 정치는 '참여소득'으로 귀결된다. 아이들, 장애인, 노인을 돌봄하는 사람들, 지역 공동체의 자원봉사자, 지역의 환경 돌봄을 하는 시민들에게 '참여소득'을 제공해주자. 이 정책이 자리 잡으면 일하기를 원하는 사람들에게 지역에서 '사람 돌봄, 지역 돌봄, 공동체 돌봄' 일을 마련해주고, 생활임금과 사회보장을 지원해줄 수 있을 것이다. 돌봄 국가의 일자리 정책으로 훌륭하게 연결될 것이다.

국가의 노력만으로는 아무래도 부족하다. 국가가 돌봄 사회를 마련하기 위해 노력하더라도 돌봄의 공백을 메우기는 힘든 일이다. 관계를 잇고, 지원해줄 사람들을 보내고, 공유 공간을 마련해도 한계는 따른다. 그래서 이정미는 '돌봄의 시간'을 제안한다. 시민들이 자신과 가족, 이웃을 위해 서로 품을 내주는 시간을 간곡히 요청한다. 이제 대한민국 정치는 돌봄의 시간을 시민들에게 돌려주어야 한다. 돌봄의 가치를 인정하는 사회로 나아가기 위해 주 40시간제를 넘어 '주 4일제' 사회로 가야 한다고 강력히 주장한다.

모두가 외로움을 호소한다. 지금 우리가 겪는 외로움은 정치적 문제다. 시민들의 외로움을 해결할 방법은 '강한 사회적 관계'로 연결시키는 것뿐이다. 그동안 국가의 공공 서비스는 관료주의적 방식에 의존하거나 시장 중심주의에 방임되어 왔다. 그러나 코로나19를 겪으며 그간의 방식이 우리 사회의 복잡한 과제를 해결하는 데 아무 쓸모없음이 입증되었다. 산모, 아동, 성인 등의 돌봄 서비스를 이용한 시민들은 한결같이 이렇게 말한다. '얄팍한 서비스 거래'보다 더 깊은 관계에 기반한 서비스를 요청한다고, 같은 사람으로부터 지속적인 돌봄을 원한다고. 파편화된 공공 서비스를 하나로 통합해서 시민들에게 직접 다가가는 지원으로 탈바꿈해야 한다.

'산출 중심'에서 '과정 중심'으로. 대한민국의 패러다임은 바뀌어야 한다. 시민의 참여와 공동 생산이 요구되고, 공급 과정에서 인간관계의 중요성이 부각되어야 한다. 이러한 패러다임을 나는 '시민과 함께'하는 서비스라고 부르려 한다. 보건, 고령화, 보육, 교육, 환경이 포괄되는 서비스, 시민들의 일상과 가장 가까이 있는 공공 서비스. 영국 중앙은행 부총재를 지낸 경제학자 네마 샤피크는 이렇게 말한다.

– 사회가 모든 것이다. 얼마나 사회가 개인들에 빚지고 있고, 또 개인들은 사회에 빚지고 있는가? 각자는 부모와 친구, 공동체와 국가, 그리고 세계에 대해 어떤 관계를 맺고 있고 어떤 상호의무를 지고 있는가? 모든 사회에서 개인은 기초적 필요가 있고 사회로부터 배제되는 것을 피하기 위한 최소한의 돌봄과 안전과 소득에 접근할 필요가 있다.

정치의 역할은 특별한 게 아니다. 시장경제가 무너지면 살리는 일이다. 고용을 회복시키고 소득을 회복시키는 것이다. 돈을 지급하고, 공공 서비스 기관을 만들어 물질적 삶을 뒷받침하는 것이다. 그러나 그것만으로는 부족하다. 물질적 정책은 시민들의 일상과 삶, 외로움에 직면한 삶을 보호할 수 없다. 많은 정치 지도자들이 '국민을 위해'를 부르짖었지만 실패한 이유다. 이제는 정치가 외면해온 시민들의 연결과 관계를 핵심 과제로 삼아야 한다. 시장경제·국가·시민사회가 균형 잡힌 나라, 단절된 인간관계를 회복하는 나라, 인간과 자연의 연결성을 회복한 나라로 나아가야 한다. 그것이 정의당이 존재하는 이유다. 이정미의 '정치하는 마음'이다.

다짐

얼마 전 흥미로운 칼럼을 읽었다. K정치, 즉 한국 정치에 세 가지 미스터리가 있단다. 첫째, 여러 실정에도 불구하고 문재인 대통령 지지도가 40퍼센트 안팎으로 유지된다. 둘째, 제1야당 국민의힘은 정권교체 임무를 당내 정치인이 아니라 외부 인사에게 내주었다. 셋째, 대통령과 제1야당이 마땅치 않은데도 제3지대나 정의당이 힘을 쓰지 못한다. '정의당이 힘을 쓰지 못한다'에 밑줄을 그었다. 마음이 쓰라렸다.

예리한 칼럼의 필자는 미스터리의 열쇳말을 '증오'로 뽑았다. '죽어도 저놈이 되는 꼴은 못 보겠다'는 심리가 현 집권 세력으로 하여금 조국, 윤미향, 김경수에 대한 국민의 정서와 다른 선택을 고수하게 만들고, 그저 대통령에게 반기를 들었다는 이유만으로 사회 문제와 역사 인식이 미약한 외부인이 제1야당의 유력한 대선주자가 되었다는 분석이리라. 점심에 폭탄주를 곁들여 마시는 습관을 고치지 못한 후보는 입을 열 때마다 다음 '설화'를 기대하게 만들고, 박정희 생가를 찾고 집에서 애국가를 부르는 충정만으로 선거를 치르겠다고 나선 후보는 "이제부터 공부하겠다"고 다짐한다. 이렇게 상대방이 알아서 실책을 범하는데도 정의당은 운동장에서 뛰는 모습을 보여주지 못하고 있다. 언제부턴가 정의당은 경기장 밖에서 몸을 푸는 선수로만 비치고 있다.

물론 아니다. 정의당은 언제나 준비된 모습으로 경기장에서 열심히 뛰고 있다. 그러나 미디어의 경험과 실제의 경험 사이에 간극이 생각보다 커 보인다. 노회찬 의원이 우리 곁을 떠난 이후, 외부에서 바라보는 정의당은 여전히 당정체성을 고민하는 모습으로 비치는 듯하다. 불평등, 기후, 노동, 사회적 소수자, 약자를 중심에 두는 사회 세력화로 나아갈 것인가, 아니면 조직된 시민들의 목소리에 기반한 정당활동에 몰두할 것인가. 정의당이 속히 해답을 내놓길 원하는 것이다.

2019년 '조국 사태' 이후 촉발된 '민주당 2중대 논란'도

말끔히 정리하지 못했다. 21대 총선에서 정의당 청년 후보들이 "조국 전 장관 임명에 단호한 입장을 밝히지 못했다"고 사과했음에도 국민들의 눈높이에 미치지 못한 것 같다. 내 책 『정치의 의무』와 이 책의 앞부분에서도 고백했듯이, 20대 국회에서 6석이라는 자리에 불과했던 정의당은 연동형 비례대표제를 도입하는 선거법 개정을 위해 민주당과 보조를 맞춰야 했다. 2012년 정의당 창당 당시에도 당대표, 최고위원, 국회의원, 당직자 등 263명을 대상으로 한 설문조사에서도 당시 민주통합당(현 더불어민주당)과 '사안별 공조'를 해야 한다는 의견이 65.6퍼센트였던 데서 알 수 있듯이 정의당의 무게중심은 '공조'에 맞춰져 있었다.

당내 세력의 역학관계의 '다양성'이라는 입장과 시급히 해결해야 할 '과제'라는 절박함의 엇갈림. 관점과 인식의 차이를 받아들이고 건강한 상호소통으로 해결해야 한다는 정치의 '태도'는 순진한 생각이었을까. 한국 정치를 앞으로 나아가지 못하게 만드는 거대 양당과는 '다른' 모습으로 풀어나가려고 최선을 다했지만 그 절치부심과 해법을 향한 노력이 그대로 전달되지 않는 것 같다. 결국 21대 총선은 정의당에 성찰과 반성을 요구했다.

낙담과 좌절의 시간. 그렇다고 가만히 있을 수 없다. 변화해야 하고 쇄신해야 한다. 심상정 대표가 총선 실패에 책임을 지고 사퇴했다. 2021년 5월 17일 정의당 전국위원회는 혁신위원회 출범을 의결했다. 5월 24일 위원장을 맡은 장혜영 의원을 비롯하여 18명 위원이 참여하는 혁신위가 출범했다. 혁신위는 두 달여 동안 전국을 돌아다니며 80여 개의 간담회를 진행했다. 800명 넘는 당원들과 직접 대화하고, 온라인을 통해 의견수렴을 거치고, 시민사회·언론 등 외부 의견을 경청했다. 그리고 7월 19일, 혁신위는 '혁신제안서'를 발표했다. 정의당의 정체성을 포함해 거의 모든 것을 뜯어고치겠다는 각오와 다짐이었다.

아쉽게도 성과는 미약했다. 우선 정의당을 지탱해주는 당원들이 아쉬움을 표했다. 2004년 민주노동당이 내걸었던 '무상의료, 무상교육, 부유세' 같은 한눈에 들어오는 콘텐츠가 보이지 않는다며 아쉬워했다. 무엇보다 국민들은 변화의 '초안'이 아니라 변화의 구체적인 실천을 주문했다. 뼈를 깎는 각오가 아니라 뼈를 깎는 모습을 보고 싶어 했다. 거대양당의 대안, 사회운동의 강화, 국민의 선택을 받는 정당, 당비 1천 원 지지당원제 도입 등은 정의당 '내부'에서 해결해야 할 일이지 '외부'에서 기대하는 변화와 혁신이 아니라는 메시지였다.

그럼에도 나는 정의당이 정성껏 준비했던 '혁신안 초안'으로부터 '다음' 정치를 준비해야 한다고 말한다. 변두리! 혁신안 초안에서 정의당은 "기존의 정치가 대변하지 않았던, 오늘날의 사회구조에서 변두리로 내몰린 이들과 함께 진보 정치의 제2막을 힘차게 시작합시다"라고 제안했다. 거대 양당 정치가 대변하지 않았던, 아니 대변할 의지조차 없는 대한민국에서 '변두리'로 내몰린 이들을 위한 정치. 그곳에서 진보 정치의 2막이 열릴 것임을 믿는다. 정의당의 길은 단 하나, '진보성'을 강화하는 것이다. 건강보험 보장성의 강화, 고등학교 무상교육 도입 등 중도 보수가 '좌클릭'했을 때 우리는 더 왼쪽으로 움직여야 했다. 문재인 정부를 향한 국민들의 실망이 이어질 때 정의당은 '개혁'이라는 단어로 포장된 '보수 정치'의 한계를 지적하며 더욱 확실히 진보와 개혁을 실천해야 했다.

정의로운 복지국가. 2015년 이래 정의당의 강령은 변함이 없다. 그러나 지금은 2020년대. 여기에 환경, 생태, 돌봄, 젠더, 평화 등 새로운 시대정신을 추가해야 한다. 먼저 환경을 생각한다. 환경 전문가들은 "10년 안에 탄소배출량을 반으로 줄여야 한다"고 입을 모은다. 실패할 경우 폭염, 홍수, 산불, 전염병이 창궐하는 미래를 맞이할 거라고 우려한다. 문화인류학자이자 지리학자인 제레드 다이아몬드^{Jared} ^{Mason Diamond} 교수는 언론과의 인터뷰에서 "코로나19는 우리에게 지구적인 답을 찾도록 숙제하게 하는 막강한 스승님"이라고 했다. 코로나19로 인해 전 세계인이 인류의 미래를 고민하게 만들었다는 뜻이리라. 더불어 코로나보다 인류 전체의 생사를 좌우하는 핵무기, 기후변화, 자원 고갈, 불평등 같은 보다 심각한 위협들에 대한 해결책을 찾아나서야 한다는 절박한 요청일 것이다.

세계적인 석학의 고언처럼 이제 정치는 '지구' 문제를 푸는 것으로 시선을 높이고 시야를 넓히고 시점을 바꿔야 한다. 코로나19 다음에 또 다른 바이러스는 분명 찾아올 것이다. 코로나19를 거울삼아 수많은 질병에 대응해야 한다. 기후변화, 자원 고갈을 해결하기 위해 연대해야 한다. 사람들이 좀 더 평등하게 살 수 있도록 정치적·경제적·사회적 투자를 아끼지 않아야 한다. 백신 접종으로 온 나라가 떠들썩하다. 어느 국회의원은 "문재인 정부의 방역은 가학방역 가짜방역"이라고 신랄하게 비판한다. 정부가 모더나와 백신 공급 계약을 맺으면서 '분기별' 도입 물량조차 구체적으로

약정하지 않았다고 각을 세운다. 지금은 진정되었지만 사전 예약 사이트가 '먹통'이 되거나 오랜 시간 기다린 뒤 접속했다가 튕겨나가는 등 국민들의 불편이 이어졌다. 문재인 대통령도 백신 예약시스템 '불통'과 관련해 참모들을 질책하고 행정안전부와 과학기술정보통신부 등이 나서서 대응책을 마련하라고 지시사항을 내야만 했다.

문재인 정부가 그토록 강조한 K방역의 허점이 곳곳에서 새어나오고 있다. 다른 나라에 비해 백신 접종률이 지지부진한 것도 사실이다. 그러나 아프리카 국가를 비롯해 85개 개발도상국이 2022년 말까지 국민 다수에게 백신을 접종하는 것이 불가능하다는 현실, 국가 경제가 미약한 국가의 접종률이 2021년 하반기 기준 1퍼센트 미만에 머물고 있다는 상황에 대해서는 왜 아무도 말하지 않는가? 코로나19는 우리만의 문제도, 미국이나 유럽만의 문제가 아니다. 전 세계 백신 불평등의 심화는 우리가 아무리 백신을 맞는다 한들 바이러스로부터 벗어날 수 없음을 의미한다. 어떤 지역, 어떤 나라에서는 1차 접종조차 이루어지지 않고 있는데, 선진국은 1차, 2차 접종을 마치고 '부스터샷(추가 접종)'까지 논한다. 당장 미국이 2021년 9월부터 전 국민을 대상으로 코로나19 백신 부스터샷을 시작할 거란다. 세계보건기구WHO는 부스터

샷으로 백신 '부익부 빈익빈'이 더욱 심해질 것이라고 경고한다. 전체 백신 물량의 75퍼센트가 단 10개의 부자 나라에서 투여됐으며, 저소득 국가는 인구의 2퍼센트밖에 예방접종을 하지 못했다는 통계가 유난히 마음을 저릿하게 한다.

바이러스는 인류의 역사와 늘 함께해왔다. 흑사병, 홍역, 천연두, 사스…… 그러나 코로나19가 다른 점은 전지구화에 맞춰 이동 속도가 인류의 대응을 넘어섰다는 것이다. 아무리 자국민의 면역력을 강화해도 지금 같은 백신 불평등이 지속되면 결코 종식되지 않는다는 말이다. 지구적인 해법을 고민하고 궁구하고 실천하는 시스템을 고민해도 모자랄 이때, 내 편 네 편 나누어 서로의 결점을 찾는 데 모든 역량을 동원하고, 하나라도 찾으면 사생결단하는 한국식 증오의 정치는 얼마나 시대착오적인가. 바이러스에 생존을 걱정하는 국민들이 눈앞에 보이는데도 '현금 지원을 해야 하나 말아야 하나'라는 정치는 얼마나 잔인한 것인가. 그 어떤 나라보다 자본주의적인, 그 어떤 나라보다 '돈'을 기준으로 불평등이 만연한 미국에서 '세금 인상'을 논의하는 모습이 보이지 않는다는 말인가.

기후 변화를 말한다. 기후 변화에 관한 정부 간 협의체

IPCC는 지구 온도 1.5도 상승을 막아내기 위해 2030년까지 탄소배출량을 반으로 줄이고, 2050년까지 탄소배출 제로를 달성해야 한다고 기준선을 제시했다. 1.5도. 이 절박한 숫자가 우리에게 부여한 시간은 30년이다. 내 생각은 다르다. 30년도 부족하다. 어쩌면 우리는 10년 안에 위기의 해법을 찾아야 할지도 모른다. '난민' 문제는 어떠한가. 지구 온난화로 삶의 터전을 잃은 기후 난민, 허리케인 같은 자연 재해로 도시 경제가 파탄 나서 국경을 넘는 난민, 그리고 탈레반이 장악한 조국을 떠날 수밖에 없는 아프가니스탄 난민의 비극까지. 국가적 차원으로 대비하고 동시에 지구적 차원으로 문제를 해결해야 하는 시대다. 국가를 포용하고 지구를 포괄하는 미래형 지도자. 과거 어느 때보다 제대로 된, 올바른 지도자를 선택해야 하는 중차대한 시기가 아닐 수 없다.

제레미 다이아몬드 교수는 자신의 책 『대변동』에서 '변화'를 만들어내는 지도자의 중요성을 말한다. 위기를 이용해 혐오를 조장하고 잇속을 챙기며 지구적 위기를 방관하는 지도자냐, 위기를 맞아 근본적인 구조부터 고쳐 다가오는 지구적 위기를 돌파하는 지도자냐. 누구를 선택하느냐에 따라 한 나라의 미래, 나아가 지구의 미래가 달려 있다고 강조한다. 부유세 도입, 그린 뉴딜 등 국경을 초월하는 진보적 의제의 시대가 도래했다. 정의당의 학습도 국내를 넘어야 한다. 거대 양당 어디에서도 배울 게 없는 현실에서 정의당은 미국의 버니 샌더스나 1989년생의 유색인종이자 바텐더로 일하는 노동자 계층으로서 뉴욕 14구 하원 의원 선거에 출마한 알렉산드리아 오카시오코르테스의 사례를 학습해야 한다.

세계의 진보적 의제를 살펴본다. 노동이 아니라 비재생 자원 사용에 세금을 부여하고, 재생 에너지와 자원의 효율을 올리는 투자에 보조금을 주는 정책을 공부한다. 새로운 원자재 소비를 줄이고 기존 자원을 다시 쓰고, 수명이 다한 제품은 재활용하여 쓸모를 살려내는 암스테르담의 '순환 경제'를 학습한다. 시민들이 부담 없는 임대료로 장기간 거주할 수 있는 사회주택의 사례에 고개를 끄덕인다. 1인당 소득으로 국가 경쟁력을 산정하는 GDP는 20세기 유산이다. 달라진 시대에 맞춰 건강과 교육을 포괄하는 인간 개발 지수, 행복한 지구 지수, 포괄적 부 지수, 사회 진보 지수 등 새로운 기준을 도입해야 한다. 지구적으로, 지역적으로, 생태적으로, 사회적으로. 정의당의 시선이 또렷해지고 시야가 넓어질 때 정의당의 존재 이유는 다시 도드라질 것이다.

누군가는 말한다. 정의당은 자본주의를 부정한다고.

나는 말한다. 정의당은 자본주의 위기 속 국가의 역할과 개인의 역할을 고민한다고. 정의당은 기업의 가치를 부정하지 않는다. 다만 필요 이상의 '소비'를 자극하고 조장하는 게 옳은가를 질문한다. 기업이 왜 로고를 바꾸고, 광고 모델을 바꾸고, 디자인을 바꾸고, 세일 행사를 하는 걸까. '소비' 때문이다. 기존의 소비를 새로운 소비로 바꾸려 함이다. 경제 원리다. 누군가는 말한다. 환경을 위해 탄소 배출을 줄이는 전기차를 구매해야 한다고, 그것이 의식 있는 소비라고. 또 누군가는 말한다. 전기차에 달라붙는 철, 리튬, 알루미늄은 어떻게 해야 하는 거냐고. 나는 말한다. 근본과 본질을 기준으로 생각해야 한다고. 전기차라는 새로운 상품을 소비시키기 위한 새로운 전략이 아니라 소유와 공유라는 시대의 변화를 고민해야 한다고. 대중교통을 무료로 할 수는 없을까. 전기차를 소유가 아닌 공유 방식으로 만들면 세상은 어떻게 바뀔까. 물론 결과는 불을 보듯 뻔하다. 기업이 좌시하지 않을 것이다. 이미 사기업에 많은 것을 넘긴 정부가 기업을 응원할 것이다. 다시 말하건대, 나는 기업을 부정하지 않는다. 그 기업을 움직이는 소수의 세력을 살피자는 것이다. 새로운 소비를 유도해야만 이익을 거둘 수 있는 소수를 걸러내고 경제의 진정한 가치를 다시 생각하자는 것이다.

방법은 단순하다. '공유'와 '공공'이다. 아무리 생각해도 그것밖에 없다. 정치는 공공의 이익을 위해 작동해야 한다. 그런 의지를 가진 정치인이 정부를 꾸려가는 것만으로도 많은 것이 바뀔 것이다. 문제는 우리가 여전히 소유와 기업이라는 20세기 원리로 세상을 바라본다는 것이다. 20세기 원리로 바이러스, 핵무기, 환경, 난민, 젠더, 불평등이라는 과제를 해결하겠다고 몽니를 부리고 있다. 이제 나는 그들에게서 희망과 기대를 접으려 한다. 이제 나는 아이들과 청년들의 손을 잡으려 한다. 어릴 적부터 공유에 익숙한, 어느 세대보다 공정이라는 사회적 정의에 목마른 이들이 어른들이 집착하는 소유 경제 시대를 끝낼 거라고 믿는다. 변화를 눈치채지 못한 어른들, 변화를 간파했음에도 지금의 이익을 위해 꿈쩍 않는 어른들에게 바통을 뺏어서 청년들과 아이들에게 건네주는 것. 그것이 조금은 '다른' 어른, 이정미가 정치를 해야 할 이유다.

나는 아이들과 청년들을 볼 때마다 눈시울이 붉어진다. 잘못된 어른들로 인해 신자유주의 경쟁에 노출되고, 그러한 삶의 원리를 당연하다고 받아들이며 살아가는 아이들과 청년들에게 한없이 미안해진다. 그래서 정치를 포기할 수 없다. 아이들과 청년들에게 '연대'와 '공유'를 통해 서로가 서로를 '의존'할 때 더욱 '행복'할 수 있음을 반드시 보여주고 싶다. 이정미의 '정치하는 마음'은 지역과 세계를 동시에 아우를 것이다. 나는 책임지는 정치인으로서 코로나19 '이후'를 진단하고 예방하는 학습을 게을리하지 않을 것이다. 흔히 진보 정당은 경제에 약하다는 오해가 있다. 아니, 경제 질서를 부정한다는 편견을 갖고 있다. 나는 정치적·경제적·사회적 불평등을 해결하기 위해 더욱 경제를 공부할 것이다. 다시 강조하건대, 이정미는 경제 원리를 부정하지 않는다. 다만 엘리트에게만 유리하게 '조작'되고 있는 현실을 그대로 방치하지 않겠다는 것이다.

경제학자 로버트 H. 프랭크Robert H. Frank 교수의 책 『실력과 노력으로 성공했다는 당신에게』를 펼친다. 프랭크 교수는 사회적인 성공에는 실력, 노력, 행운이 필요한데, 사람들은 의외로 '운'을 인정하지 않는다고 짚어낸다. 실패하면 서슴없이 '운이 나빴어'라고 말하면서도 성공 요인을 놓고서는 행운의 영향을 과소평가한다는 것이다. 그는 단언한다. 운은 유전자와 환경이 버무려진 결과라고. 법 제도, 교육 시스템, 사회적 인프라가 갖춰진 나라에서 태어난 것만으로도 운이 좋은 것이라고 말한다. 옳은 말이다. 부모의 현실이 고스란히 대물림되는 시대, 승자가 모든 것을 차지하는 '승자

독식' 시장에서 보상은 오로지 최상위에게만 집중된다. 최상위 계층에 부가 쏠리면서 그들의 소비 행태와 규범이 성공과 행복의 기준이 된다. 미디어와 소셜미디어가 이를 증폭시키고 확산시킨다. 최상위 소득계층의 사람들이 큰 집을 지어 가전제품, 가구를 들여놓으면 중산층 사람들이 저축을 줄이고 대출을 늘려 따라한다. 그 결과 모든 계층의 사람들이 소비에 몰두하게 된다. 소비는 줄일 수 있다. 교육은 어쩔 수 없다. 내 자녀만큼은 평균 수준의 학교에 보내려 한다. 부동산 문제의 결정적인 이유다.

프랭크 교수는 문제의 해법을 뜻밖의 지점에서 찾는다. 성공한 이들이 자신의 행운을 인정하면 된다고 말이다. 그 시작은 '환경'이라는 행운을 높은 수준의 '공공 투자'로 바꾸어나가는 것이다. 문제는 성공한 사람들이 자신의 성공에서 행운의 역할을 과소평가하는 바람에 타인들의 성공 가능성을 높여주는 공공 투자에 미온적인 태도를 취한다는 것이다. 다소 추상적인가. 저자는 공공정책과 조세체계라는 구체적 해법으로 나아간다. 누진소득세가 아닌 누진소비세를 제안하는 것이다. 일반적으로 최상위 소득계층들은 누진세나 증세에 거부감을 나타낸다. 자신들의 능력으로 거둔 성공이라는 인식 아래 세금을 손해 또는 착취로 간주한다. 이런 상황에서 저자가 제안하는 누진소비세는 현재 최적화되어 있지 않은 우리 사회의 소비 상황에서 낭비를 제거하고 투자를 활성화시키는 원리와 결부된 거라고 저자는 확신한다. 동의한다. 달라진 세금으로 소비를 조정하면 자연스럽게 저축과 투자가 촉진될 것이다. 그 결과 사회적 불평등을 줄이는 사회기반 시설과 미래 세대를 위한 공공 정책에 투자할 세수를 창출할 수 있을 것이다.

프랭크 교수의 고언은 '엘리트'라는 개념을 다시 생각하게 한다. 돈이 전부인 시대에 엘리트란 특정 대학에서 특정 종류의 교육을 받은 사람들을 상징하게 되었다. 정부 기관, 다국적 기업, 대기업, 기술기업, 은행, 언론, 심지어 비정부기구NGO까지……. 소수의 대학을 졸업한 이들이 권력과 수입을 독점한다. 물론 그들이 일군 변화와 성과도 분명히 있다. 문제는 엘리트를 양산하는 교육이 부모의 경제적 부로부터 나온다는 데 있다. 여기에 정보통신 기술이 접목되어 엘리트들만이 가진 기술을 통해 그들에게 유리한 구조가 고착되고 있다는 것이다.

문재인 정부가 출범할 당시, 많은 국민들이 기회의 평등과 공정한 과정을 기대했다. 그러나 조국 사태 이후 이 땅의 청년들은 좌절하고 분노했다. 그 기원은 '경쟁'이라는 20세기 한국 정치와 한국 경제의 유산이다. 지금은 아니다. 2021년을 시작으로 모두가 함께할 수 있는 공유와 공공의 가치가 시대정신이다. 그 시작이 2022년 제20대 대통령 선거다. 정의당은 대선 선거운동에서 반드시 반전 기회를 찾을 것이다. 정의당을 둘러싼 지형이 험난하지만 여러 시민사회 단체들과 접촉하며 다음 정치의 실마리를 찾을 것이다.

이정미의 정치하는 마음은 이번 대선을 통해 정치의 실천으로 이어질 것이다. 기본소득, 사회 안전망 등 전문가들의 연구 사례를 학습하고 그것을 현실 정치에 접목하고 구현하는 데 최선을 다할 것이다. 플랫폼 경제의 일상화로 중간 관리자가 사라지고, 급기야 작은 가게 하나를 운영하는 것조차 어려워진 '기울어진 운동장'을 그대로 보고 있지 않을 것이다. 그동안 정의당은 '소수'를 위한 정치를 해왔다. 그래야만 했던 시대의 당연한 책무였다. 그러나 소수의 엘리트가 되느냐, 시간제 비정규직 노동자가 되느냐의 양극화된 세상에서 이정미의 정치는 우리 사회의 '중간'을 바라보려 한다. 그 중간을 보수하고 복구하고 궁극적으로 재건하는 정치에 몰입하려 한다.

세대교체를 환영한다. 내가 세대교체의 마중물이 되려 한다. 그러나 30대 야당 대표가 강조하는 능력주의만큼은 경고하고 싶다. 세상에는 돈이 전부인 사람들만이 살아가는 게 아니다. 적당한 삶을 꾸려가는 것만으로도 행복이라고 여기는 사람들도 많다. 문제는 그 적당한 삶이 어려워졌다는 것이다. 적절한 삶이 불가능해졌다는 것이다. 노동 문제는 교육 문제와 연동되어 있다. 앞에서 언급했듯이 교육은 경제적 부를 가진 부모의 유무에 따라 갈린다. 행복의 가치를 바꿔야 한다, 부의 경로를 이동해야 한다, 교육의 방향을 선회해야 한다. 기회의 평등이 아니라 결과의 평등으로 시선을 옮겨야 한다. 중산층 학교와 가난한 학교에 더 많은 돈을 써야 한다. 기술은 노동 조건을 평등하게 만드는 데 쓰여야 한다. 새로운 기술에 쉽게 접근할 수 있는 특정 소수가 아닌 중간의 노동자들을 생산적으로 만들고 그들이 서로 협업하는 데 사용되어야 한다.

모두가 성공하려고 한다. 그 정체를 알 수 없는 성공에, 사회 소수가 설정해놓은 가치에 인생을 몰빵한다. 공부의 이유도 성공이다. 유아기, 아동기, 청소년기, 청년기를 성공을 위한 교육 제도에 몰두해야 한다. 그 원리에 부모가 헌신하고 급기야 소진된다. 평등하지 않기 때문이다. 모두가 불평등을 인지하고 감지함으로써 그것에 휘말리지 않기 위해서다. 그래서 나만 생각하고, 내 자식만 생각하고, 우리 동네만 생각하는 것이다. 이정미의 정치하는 마음은 지금 우리에게 진정 필요한 정책이 무엇인지 헤아린다. 우리에게 필요한 정책은 평등한 교육과 평등한 노동이다. 기득권은 엘리트 세습을 벗어던지고 자신의 노력에 결부된 '운'을 다른 사람들에게 나누어줄 수 없는지 살펴야 한다. 스스로 엘리트라 자부하는 한국의 정치인들이 맨 앞에 나서주길 기대한다. 정치인이 반추하고 성찰하지 않으면서 국민들을 설득할 수 있을까. 아무리 정당의 존재 이유가 정권 획득이라고 해도 세력 다툼만 하기엔 우리의 현실이 너무도 절박하지 않는가.

- 멀고도 가까운 꿈. 겪어보니 꿈이라는 건 간결한 한 줄 정의가 아니고, 달성해야 하는 목적도 아니며, 끝나고 마는 엔딩도 아니었다. 다만 내가 생각하는 꿈은 이루는 일이 아니라 이어가는 일에 가깝다. 그래서 소중하게 간직하는 꿈의 장면도 찬란하거나 극적이지 않다.

내가 좋아하는 고수리 작가의 『우리는 달빛에도 걸을 수 있다』에는 이런 구절이 나온다. 나에게 정치는 멀고도 가까운 꿈이었다. 정치를 어느 정도 겪어보니 그 꿈은 한 줄로 정의할 수 없는 복잡다단한 것이었다. 한동안 나는 그 꿈을 달성해야 하는 목적으로만 여겼다. 지금은 아니다. 이정미의 정치하는 마음, 이정미가 생각하는 꿈은 이루는 일이라 앞으로 한 발 한 발 나아가는 일임을 알게 되었다. 비록 한없이 미약한 정치인이지만, 그리하여 내가 꾸는 꿈의 장면이 찬란하거나 극적이지 않더라도 나는 걸음을 멈추지 않을 것이다. 이정미의 '정치하는 마음'을 말없이 지켜봐주는 달빛과 같은 국민들이 내 곁에 적지 않음에 신발 끈을 고쳐 맨다. 언젠가 그들이 희미한 앞길을 걱정 없이 걸을 수 있는 달빛이 될 거라고 약속한다.

정치하는 마음
- 정의당 이정미 정치산문집

초판 1쇄 인쇄 2021년 8월 31일
초판 1쇄 발행 2021년 9월 15일

지은이 이정미
펴낸이 정상우
주간 윤동희
편집 김민채
디자인 위앤드(정승현)
관리 남영애

펴낸곳 오픈하우스
출판등록 2007년 11월 29일(제13-237호)
주소 서울특별시 은평구 증산로9길 32(03496)
전화 02-333-3705
팩스 02-333-3745
홈페이지 www.openhousebooks.com
페이스북 facebook.com/opemhouse.kr

ISBN 979-11-88285-97-6 03300

• 잘못된 책은 구입처에서 바꾸어 드립니다.
• 값은 뒤표지에 있습니다.

• 이 책은 저작권법에 따라 보호받는 저작물이므로 무단 전재와 무단 복제를 금지하며,
  이 책 내용의 전부 또는 일부를 사용하려면 반드시 저작권자와 ㈜오픈하우스포퍼블리셔스의
  서면 동의를 받아야 합니다.